吴·地·文·化·丛·书

銀帳金鈎

张小峰　张建明　编著

苏州大学出版社

图书在版编目（C I P）数据

银帐金钩 / 张小峰，张建明著. -- 苏州 ：苏州大学出版社，2016.1
ISBN 978-7-5672-1648-8

Ⅰ. ①银… Ⅱ. ①张… ②张… Ⅲ. ①蚊帐－挂钩－中国－摄影集 Ⅳ. ①K875.22

中国版本图书馆CIP数据核字（2016）第010080号

吴地文化丛书——《银帐金钩》编委会

策　　划：海通传媒出版机构

摄　　影：张小峰

装帧设计：谭家馨　温菲菲

编　　务：李　风

银帐金钩

丛书主编　沈庆年

编　　著　张小峰　张建明

责任编辑　倪浩文

苏州大学出版社出版发行

（地址：苏州市十梓街1号　邮编：215006）

苏州越洋印刷有限公司

开本890mm×1240mm　1/16　印张11.875　插页1　字数80千

2016年1月第1版　2016年1月第1次印刷

ISBN 978-7-5672-1648-8　定价：95.00元

苏州大学版图书若有印装错误，本社负责调换

苏州大学出版社营销部　电话：0512-65225020

苏州大学出版社网址 http://www.sudapress.com

帐钩儿的情和趣（代序）

马汉民（著名民间文艺家）

久违的小峰老弟，蓦然光临寒舍，不及寒暄，急切地捧出一叠沉甸甸的书稿，说："请你看看。"

"银帐金钩"四个大字已映入我的眼底，待我打开画册，令人目不暇接的全是形形色色、花样百出、名目繁多、各具风韵的金属帐钩儿！

我的心动了！在农耕社会中，无分城乡，百家万户，凡是有蚊子肆虐的地方，床铺上都会挂上蚊帐，有蚊帐，就有帐钩。睡觉前，先得将进入帐子中的蚊虫用扇子赶出去，尔后将帐门儿放下。早上起床，再将帐门儿用帐钩儿挂起来。童年的记忆犹新。尽管在近10年，我在"非遗"保护上接触过不少项目，却还未见到过如此出彩的帐的文化遗存——帐钩儿。

帐钩儿历史渊源流长，它由简到繁，不仅为国人日常使用的器具，而且升华至寄情的艺术载体。这一漫长的过程，正是人类逐步走向文明的过程。《银帐金钩》一书中所收进的帐钩，象征着不同阶层的家庭。由于帐钩特殊的使用功能，进入了"新房门大似衙门"的新房。而新房中被称为"殿堂"的莫过于"牙床"。于是，一代又一代人在帐钩上大动脑筋，不断修饰，提高艺术含量，注入上自远古神话故事，下自日常祝福喜庆之语，图文并茂地使用在帐钩上，使这一普通的生活器具，拥有了民俗文化丰富的内涵，升华为艺术载体。有民歌这样写道：

帐钩儿，挂在牙床上，
一个儿东，一个儿西，枉自同床。
许多时挂的都是悬空帐，
只为你多牵挂，吊起我心肠。
何时得与你勾帐也，
免得两厢下空思想。
（见明朝冯梦龙《山歌》咏部八卷）

山歌以引帐钩儿为起兴，见物思人，抒发夫妻离情，寄希望于亲人早日归来，了结相思之苦。可以想及，明代的苏州，帐钩儿极其普及，有开模子浇铸的，有铜皮镂刻的，有凿花、雕花的……各类铜银匠众多，他们曾经包揽了北京紫禁城内皇家的各色铜器制作，被誉为“苏作”。《银帐金钩》中的作品，大部分出自吴地苏州工匠之手。形形色色的帐钩，印证了苏州手艺所创造的辉煌。正由于先辈们传承下来的精湛技艺，才使苏州被联合国教科文组织命名为“手工艺与民间艺术之都”。从这一角度去考察帐钩的价值，可以认为，帐钩儿也是“人类非物质文化遗产”。帐钩，在渐渐失去使用价值的今天，对其给予保护是十分必要的。

2015年8月于苏州葫芦街

自　序

帐钩是人类特定时期的日常生活用具。根据“辞海”解释，帐：张起来作为遮蔽之用具。钩：钩取、钩连或悬挂器物之用具。那么帐钩就可以解释为专门用于钩取、钩连或悬挂帐之器具。

按常理有帐就有钩。据考证，帐在中国商代就诞生了。随着时代的发展，其类别和用途日趋丰富，有“锦帐”“军帐”“帷帐”“车帐”“斗帐”“坐帐”“蚊帐”。帐、钩相配，形成了此物的专门名称——“帐钩”。

帐钩就材质有金属、玉石、角牙、竹木藤漆、塑料合成等。这里主要讲的是中国部分的金属帐钩。

商代是否已有金属帐钩，尚无实证，但同时代中国的金属工艺已相当成熟，可以推断，当时制作金属帐钩已非难事。《西京杂记》是笔者目前所知最早记载有关“帐钩”的文献资料，一般认为是东晋葛洪所著。其中有描写盗墓人盗掘春秋魏襄王冢，发现铜帐钩之事，曰：“广川王去疾……国内冢藏一皆发掘……魏襄王冢，皆以文石为椁……得石床，方七尺；石屏风、铜帐钩一具，或在床上，或在地下，似是帐糜朽而铜钩堕落……”1968年，中国社会科学院考古研究所和河北省文物工作队联合对位于河北省满城县西汉中山靖王刘胜墓进行了考古发掘，发现并恢复了两座由铜构件组成的帷帐，这些铜构件精致华美，有的连接处至今都能转动，其中就有帐钩。据此，先前有关中国帐钩因东晋《女史箴图》、五代《韩熙载夜宴图》、宋代《清明上河图》等历代绘画名作中未见，推断其为外来品或起源于明代等论点都是站不住脚的。

中国金属工艺悠久灿烂，距今6700年前陕西临潼姜寨仰韶文化遗址就出土了原始黄铜片等。由此推论中国金属工艺之起源，可能是妄断，但提炼金属物质，必存在相对的需求和运用。金属帐钩是中国金属工艺大家庭中的一员，但目前元代前实物不多，可能原因如下：

1．封建等级观念及某些金属的管制。金、银、铜等金属，在封建时代不是有经济能力的人或家庭想用就能够有的，很长的时期，这些金属都是王公贵族权利的象征和作为国家经济重要的监管、控制对象。

2．金属帐钩是人类生活特定时期的日用器具。与金属工艺中如礼器、兵器、车马器、饪食器、劳动工具、酒器、乐器、文房器玩、首饰、钱币及其他生活用具相比，相对体小量微、使用频率低且大多为闺中静物。

3．关注度小。不论媒体、考古，甚至盗墓，对此皆鲜有关注。西汉中山靖王刘胜墓中的两座铜架构帷帐，其历史、文化价值都不亚于同时出土的长信宫灯、错金博山炉、蟠龙纹铜壶、朱雀衔环杯等，但前者一些专业人士对其也不甚了解，后者图文并茂地出现在很多历史、考古、金属工艺、美术、文化等书籍和画册之中，甚至还被制成邮票发行。

4．习俗。就目前世存的金属帐钩计，材质大多为铜。是否铜帐钩不用或少用于殉葬而使出土实物较少？有待研究。另，在某些时期和地方，人一旦死亡，连同他的床和床上用品一起被焚毁，俗称“升天成仙”，意欲死者带此于天堂享用。笔者小时（约20世纪六七十年代）还看到丧家先将死者蚊帐连同帐钩、帐杆卷起抛在房屋屋顶上，出殡后将死者被褥、部分衣服及在屋顶的帐、帐钩、帐竿，放在地上，画一个圈，一同焚毁。

上述推断是否成立，有待进一步研究，但金属帐钩的低关注度和稀缺，反证了研究它的必要性，其价值体现如下：

一、金属帐钩制作艺人是中国民间文化的活化石

金属帐钩通常由以前的金银匠或铜作手工制作完成。我小时家后就住了一位这样的艺人，姓李。母亲对我说，他们以前是开银匠铜作店的，因为当时只能实行公有制，店早关了，他在一机械厂工作。由于他儿子和我是同班同学，

又是邻居，因此我是他们家中的常客。尽管李师傅白天上班，但晚上回家他仍然在“赚外快”，并教还在读小学的儿子——我的李同学，看各式图纸。尽管时隔40余年，但我对李师傅智慧的双眼，利落绘制、敲打、錾刻各类金属器具的双手以及他制作的首饰、汤婆子、手脚炉、勺、壶、帐钩等仍记忆犹新。不知如今李师傅是否健在？技艺是否有人传承？

苏州龚斌、姚士荣两位师傅是目前我所知在这一工艺领域中的大师，是该领域非物质文化遗产的传承人。就全国而言，这样的艺人现已寥寥无几。1998年笔者和苏州市民间文艺家协会另一负责同志带领4位苏州民间艺人，参加在北京举办的首届中国国际民间艺术博览会，龚斌是其中之一，他的几件铜雕镂作品分获金、银奖。惜乎他现已中风在床！姚士荣，多家大专美术院校有他的工作室，集金银铜作一身，精通金属台、凿、錾、刻、镤、镂等工艺，但也已年近七十。谈及这一技艺的传承，他们心中堪忧。一个真正能独立胜任这一技艺之人，至少要有10年的磨炼，不仅要对各类金属习性、工艺流程、工具运用了如指掌和悉心驾驭，还要有相当的造型能力，更要有一颗对中国民间文化真诚敬畏的感悟之心！他们正不断、努力寻找着……因此，用中国民间文化的活化石来形容金属帐钩制作艺人一点不为过。

二、金属帐钩工艺的复杂性和这一技艺的难以复制性

金属帐钩制作属中大件类，通常工艺流程如下：

绘制图式。根据市场或客户要求确定并绘制金属帐钩材料、尺寸、外形、图案纹饰甚至制作时间和费用。

切削锤镤。对所制金属帐钩材料的基本分割，用锤镤的方法，制成所需的各类形状。

模制。将所制金属帐钩材料，用模制的方法，制成所需的各类形状。

镂刻錾花。根据设计要求，对镂空形制、立体图案、各式纹饰使用各类相应錾刀进行雕錾镂凿。

焊铆安装。焊铆是金属工艺中“热冷”的概念。前者用熔解的金属对所需金属进行连接，后者用物理原理（榫卯）对所需金属进行连接。

锉磨抛光。将毛糙的金属表面、节点用各式锉刀、软织物等进行锉磨，使之平整光洁。

检验整修。对制作完毕的器具的各个部位进行检验及必要的修正，直至全部符合要求。

以前铜作承制的生活器具很多，有香炉、香薰、水盂、墨盒、笔杆、笔套、镇纸、搁臂、尺、化妆盒、首饰盒、灯具、脚手炉、汤婆子、壶、罐、锅、盆、碗、勺、铲、杯、锁、箱柜铜件、刀剪、鞋拔、帐钩等。一些简单器具制作只涉及上述工艺中的2到3道，而金属帐钩制作囊括了整个工艺流程。今天，制作上述用具作为批量生产的产品，现代工艺中的超声模制、机械锻造、化学琢镂、电脑雕刻完全可替代人工手艺或加入少量人工即可，只是纯手工金属帐钩制作技艺掌握它已非易事，原因如下：

1. 掌握这一技艺之人稀少，增加了传承的难度。

2. 用10年左右时间学习这一技艺之人同样少之又少。

3. 金属帐钩的图式绘制和创作，需制作者具人文情怀和素养。

4. 金属帐钩的金属切削锤锞和模制，是制作人对所用材料精确自如运用和自身体力、耐力的考验。

5. 金属帐钩的刻凿錾镂心手合一、刀錾代笔，是制作者技艺和审美造型能力的综合体现。

综上所述，金属帐钩工艺的复杂和制作技艺的难以复制是保护、传承它的难点所在，但同时也是我们必须研究它的重要理由。

三、金属帐钩是中华优秀传统民间文化的载体

和一般金属工艺制品一样，原始金属帐钩较少沉积和显现人类精神的痕迹。随着社会的发展，金属帐钩越来越成为人类物质、精神生活的综合体。分述如下。

造型：葫芦形、如意形、宝瓶（花瓶）形、玉璧形、花篮形、花窗形、花轿形、竹节形、椭圆形、人物形、矩形、蟾形、鱼形、鸟形等。

结构：文字、花草、动物、法器、人物等组成和构造。

图饰：生殖类（龙凤鸳鸯、双喜麒麟、送子多子、家庭合欢），福寿类（如意世昌、官禄登科、平安富贵、福寿吉祥），宗教类（天女群仙、和合、刘海、八仙、太公、门神、宝相），生活类（山水鱼鸟、琴棋书画、车马、仕女、革命主义）等。

内容：是金属帐钩造型、结构、图饰的综合，主要有以下几类。

1.生殖崇拜造型结构及图饰系列，如：葫芦形、双喜形、缠枝葫芦、石榴形等结构，天作之合、百年好合、龙凤呈祥、五世其昌、良好家庭、美满姻缘、洞房花烛、金榜题名、天官、天仙、麒麟送子、石榴多子、连生贵子、多子多福、五子登科、长宜子孙、子孙万代、万代长春等图饰。

2.祈福祝寿、仙佛共庆造型结构及图饰系列，如：福、寿、吉文字形，杂宝形，如意形，宝瓶（花瓶）形，花篮形，花窗形，椭圆形，竹节形，人物形，蟾形等造型结构；玉堂富贵、富贵牡丹、凤穿牡丹、金玉满堂、荣华富贵、花开富贵、吉庆有余、喜上眉梢、一路连科、状元及第、平升三级、连升三级、福寿双全、福上加福、福在眼前、松鹤延年、鹤鹿同春、延年益寿、如意宝相、和合二仙、刘海戏金蟾、二龙戏珠、天女散花、群仙祝寿、麻姑献寿、八仙图等图饰。

3.敬先育人、人文现实的造型结构和图饰，如：矩形、人物形、鱼鸟形等造型结构，唐诗、山水图、童子图、仕女图、牛郎织女、孔子教书、姜太公钓鱼、童子蹬车、三民主义等图饰。

从上述金属帐钩的功能和图饰结构造型看，前者只是延续了金属帐钩最基本的实用范畴，后者从一个侧面反映了中华民族的文明。

华夏5000余年悠久的历史，独创、兼蓄了人类优秀的文明成果，形成了独特的以华夏文明为内核的东方文明。在漫长的历史长河中，华夏民族不管遇到什么艰难险阻，总能以乐观、奋进、和谐、审美的人生姿态去面对，这也是华夏民族精神之所在。体现在金属帐钩（图饰、结构、造型）内容上，它逐渐形成了以肯定生命为主旨的对生殖文明崇拜的内容，以赞美生命、保佑生命为主旨的祈福祝寿、仙佛共庆的内容，以实践生命为主旨的有着人文精神、尊先育人的内容。这些正面的、积极的、朴实的、鲜活的内容，通过原始的象征寓意的符号，通过民俗民间的各类故事和寓言谚语，通过民俗民间的宗教信仰，通过岁时节令的习俗等各种表现形式，注入了金属帐钩，使人们感到，使用金属帐钩，除了应有的实用功能外，更能给人带来如意、吉祥、喜悦和希望。

同时，金属帐钩尽管体小量微且为静物，却大多又与人类朝夕相处，相伴人生几乎三分之一的时间，这样的人生陪伴物，与其说是陪伴，不如说它成了人生的部分，成了人类精神寄托和安慰的部分，成了人生自我的生命赞礼！

一个母亲还没生子就已开始祈子祝福了……呱呱落地的孩子，父母的最直接的手口相传，言传身教，启蒙的教育就这样慢慢开始……金属帐钩中那些本体的、人文的、活泼的、生活的、通俗的、民间的内容，往往就是人类有意味的社会人伦教育的最初内容，尽管有些看起来比较简陋和程式化，却很基础和直接，积淀深厚，取向鲜明。

见证了人类生老病死、悲欢离合全过程的金属帐钩，对有人将其归类为“俗物”，它十分的乐意。因为金属帐钩本身就是民间艺术中的部分。民间艺术是人类的生活艺术，但它恰恰正是人类艺术之母！

很少有物能如此丰富地见证人类的经历！

很少有物能如此漫长地相伴人类的生活！

金属帐钩——人类赋予了它如此的见识，因此它积淀了人类丰富的内涵。它是中华优秀传统民间文化的载体，也即承载着人类的文明！

2015年6月于吴地民间艺术博物馆

肯定生命的生殖文明崇拜，是人类文明最基础的组成部分，从笔者收藏的这些金属帐钩内容看，这一部分所占比例最高，其中又以多子为最。这可能与中华民族绵延数千年经久不衰有关。

人类的文明进程，是人类生存发展竞争的进程，有莺歌燕舞，也有金戈铁马。作为第一要素的人，他们的延续，在任何时代、任何民族都是最重要的。多子可能是最直接、最简单也是最复杂的延续种族、参加竞争的手段。

表现在金属帐钩上，有图腾、瑞兽、天官的送子、护子，有仙官、和合的育子、保子、教子，有蔬果、植物象征、象形、象声多子的特定意义。这些帐钩的内容上天入地、想象丰富，反映出生活的亲切、直观、可爱。

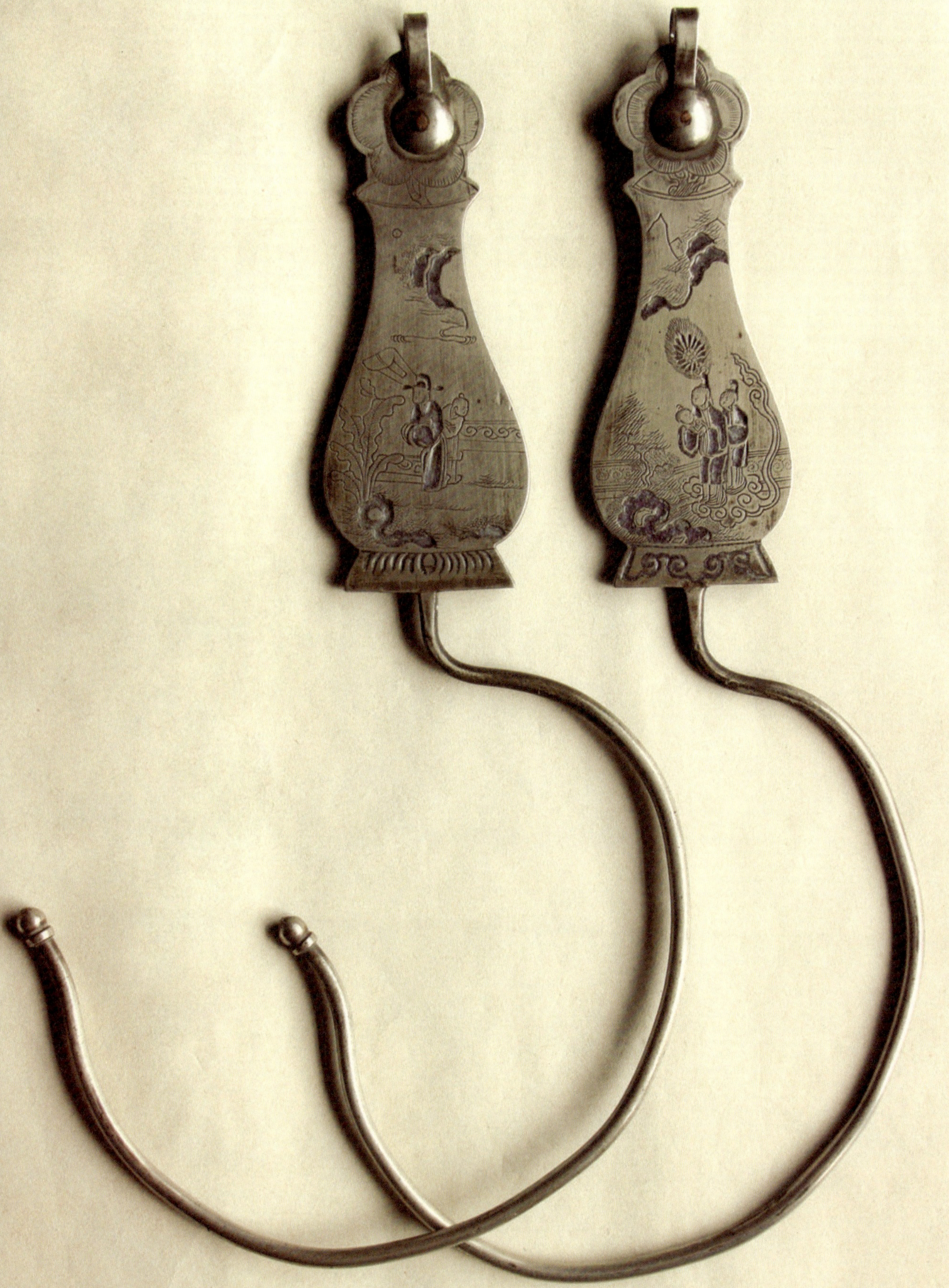

260mm×140mm

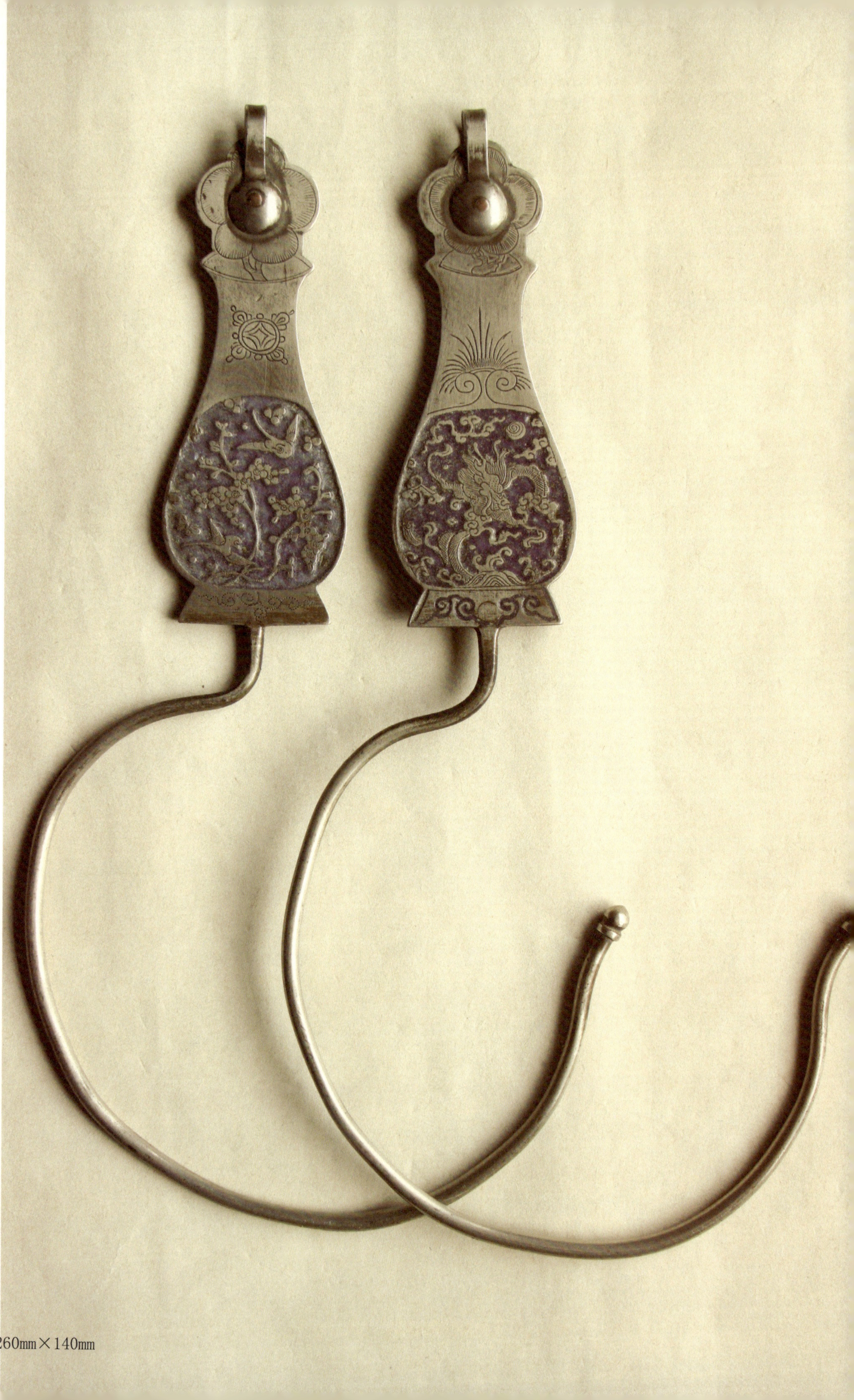

260mm×140mm

天官赐福　天仙送子

此对帐钩由一铜材锤鍱而成如意形。采用平板、线刻、阴刻等手法，融烤蓝工艺，一面为『天官赐福』『天仙送子』，另一面为腾龙和鹊梅。画面远近、疏密、点面处理得当；景致天上人间，涵盖深广；人物大气严谨，神态慈祥互动，既具现实人性的亲切，又具空灵神意的庄严。可以想象，这位艺人设计和錾刻这对帐钩时显现了他『随意和松弛』下何等莫测的艺术造诣，他为我们存留了体现民间『俗美』的大师之作！

麒麟送子

麒麟送子是中国传统生育祈子的一种。麒麟是传说中的仁兽，是吉祥的象征，能为人带来子嗣。民间将孩儿美称为『麒麟儿』『麟儿』。下列帐钩图案均为麒麟送子，但表现方式多样。同时，帐钩反面文字、图案各异，均寓意吉祥。

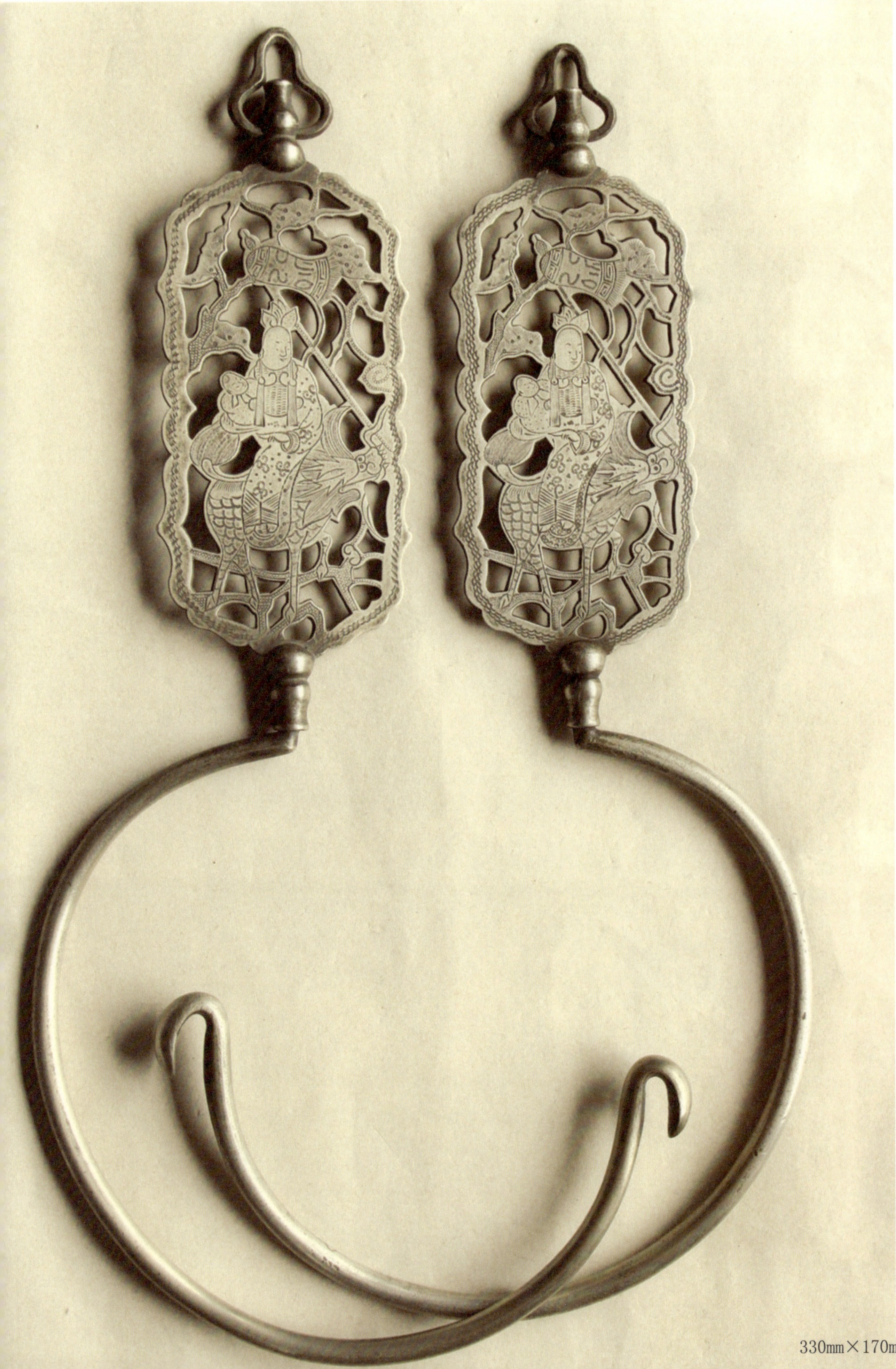

330mm×170mm

320mm×160mm

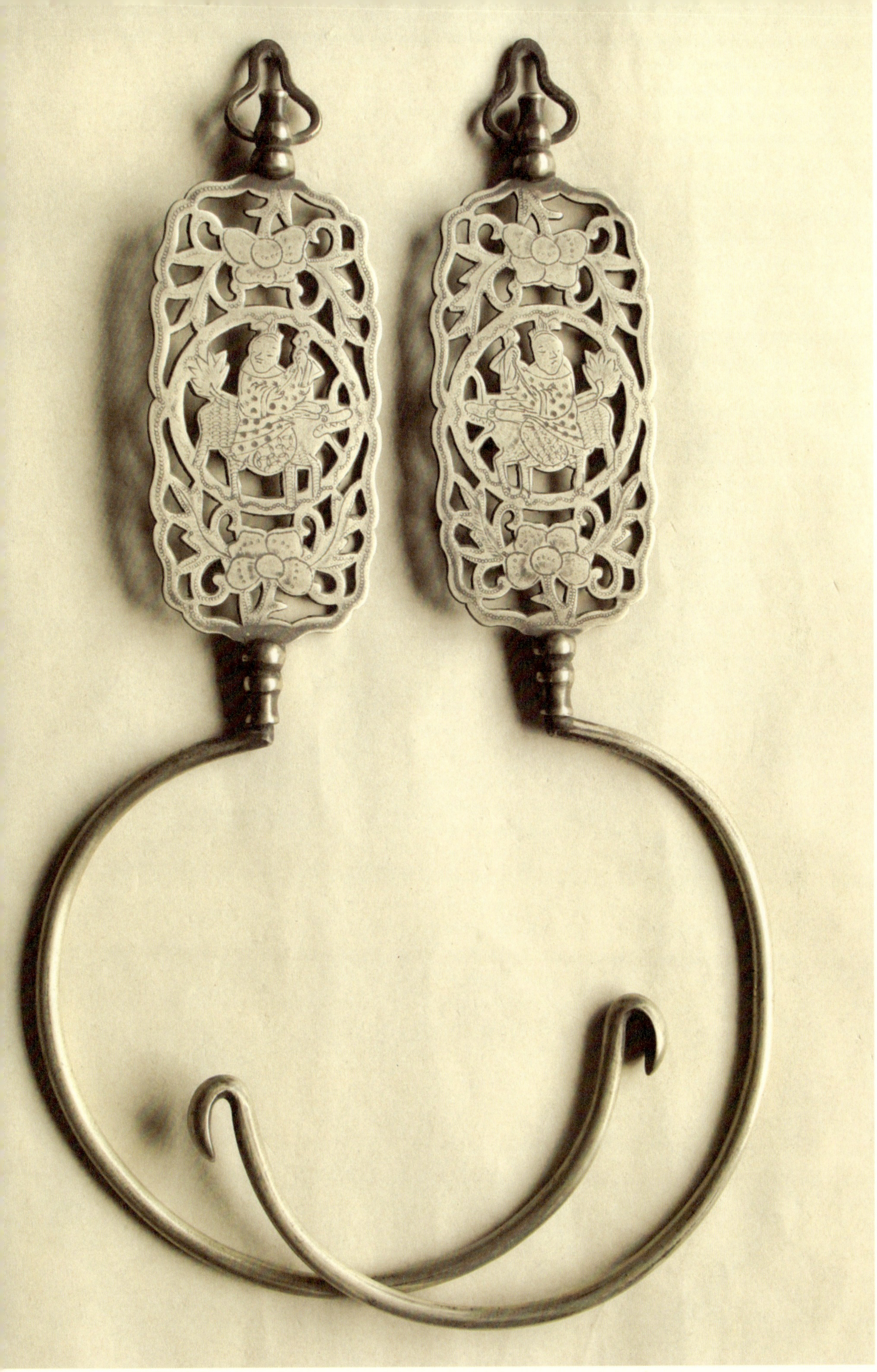

330㎜×160㎜

330mm×160mm

310mm×170mm

330mm×160mm

310㎜×160㎜

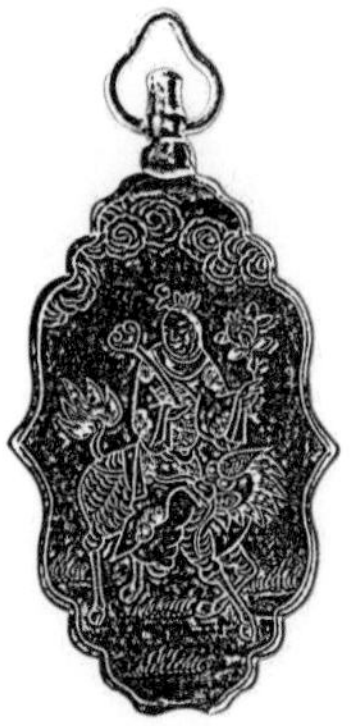

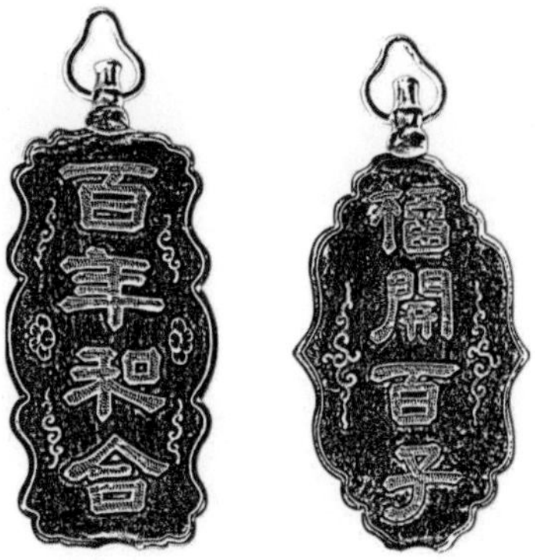
百年和合
福開百子

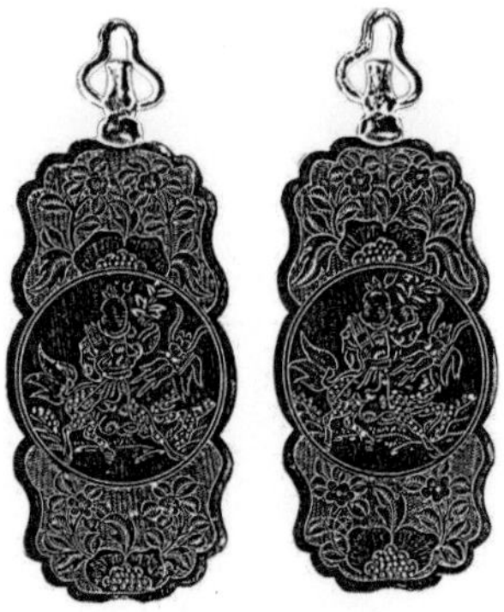

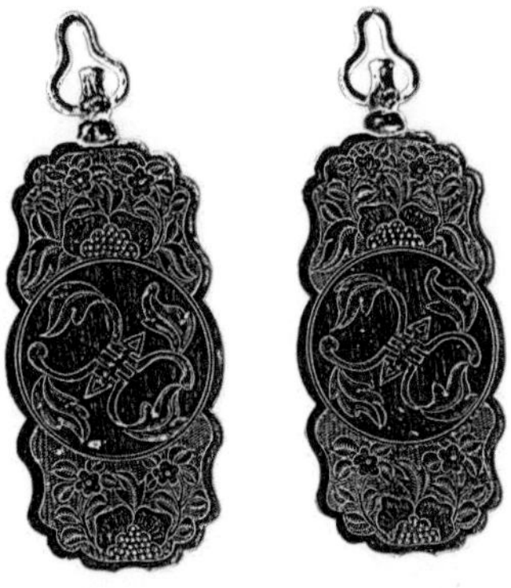

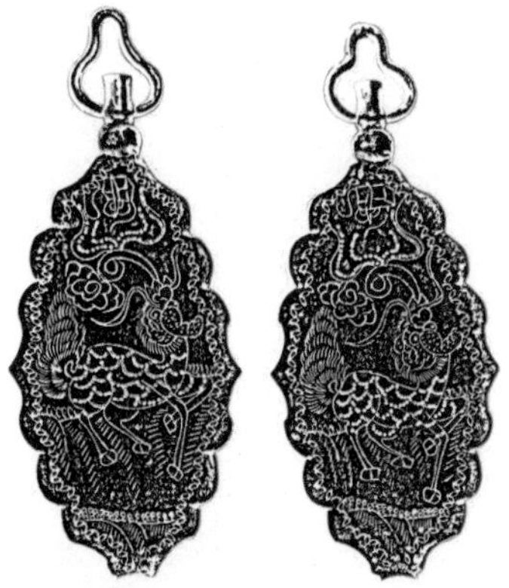

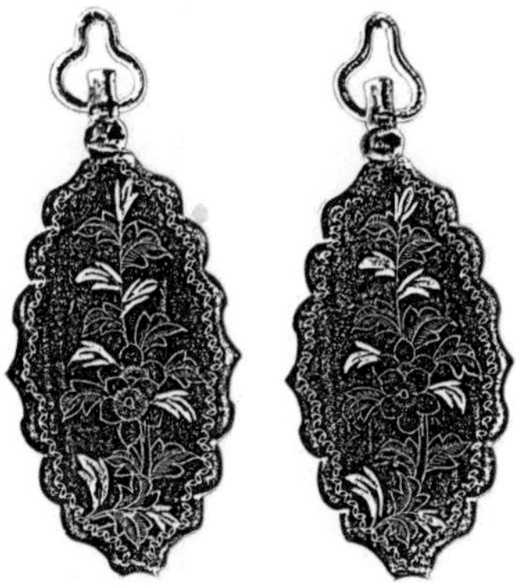

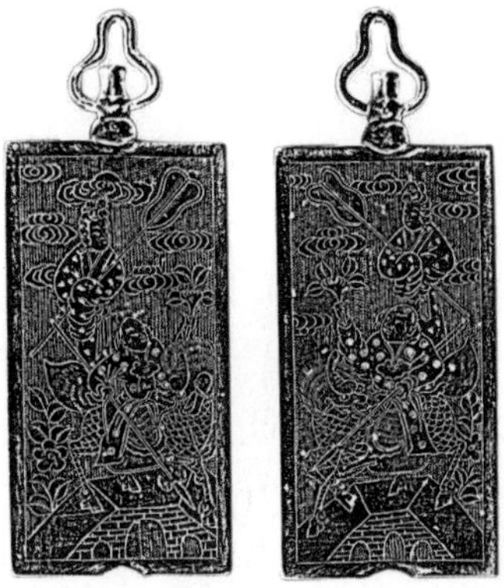

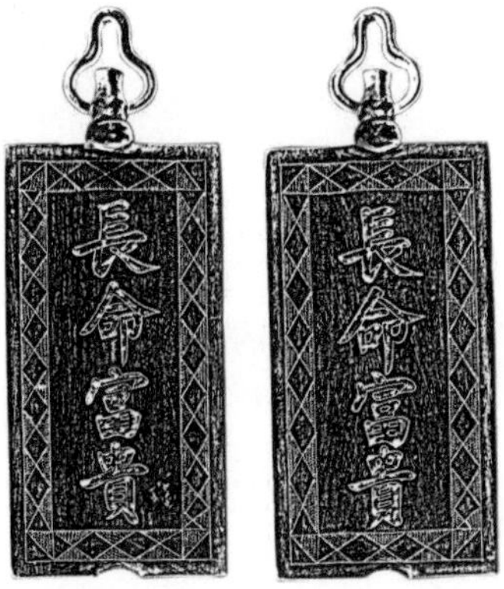
長命富貴
長命富貴

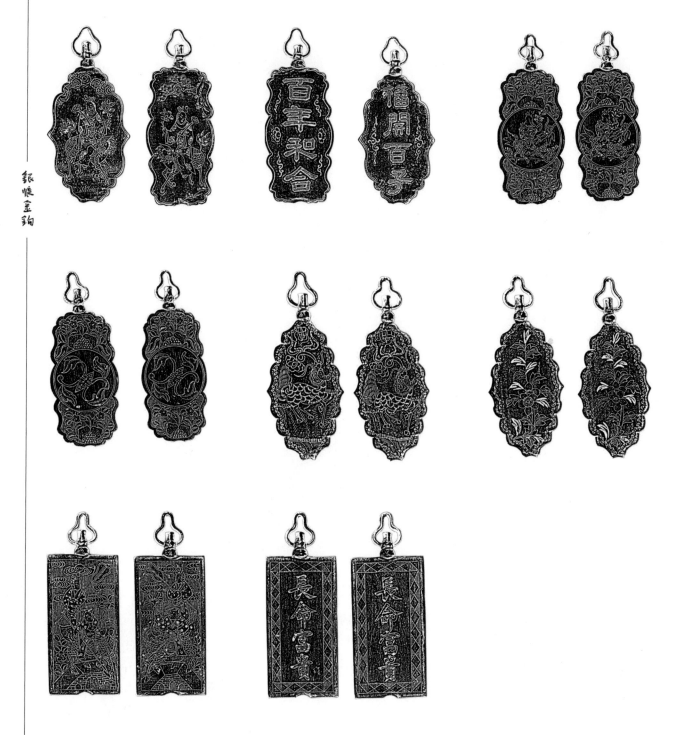

300mm×150mm

360mm×170mm

360㎜×170㎜

350mm×165mm

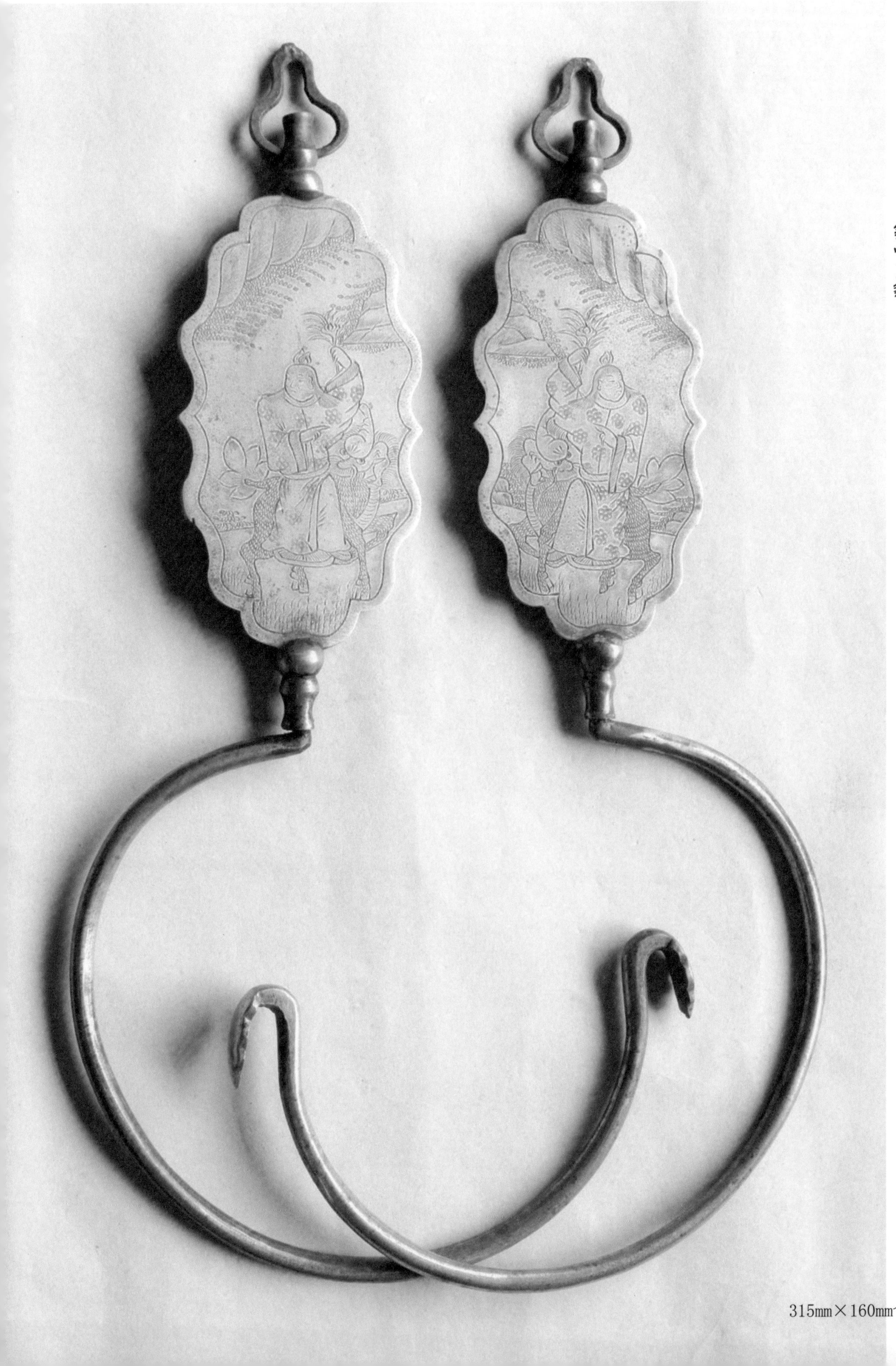

315㎜×160㎜

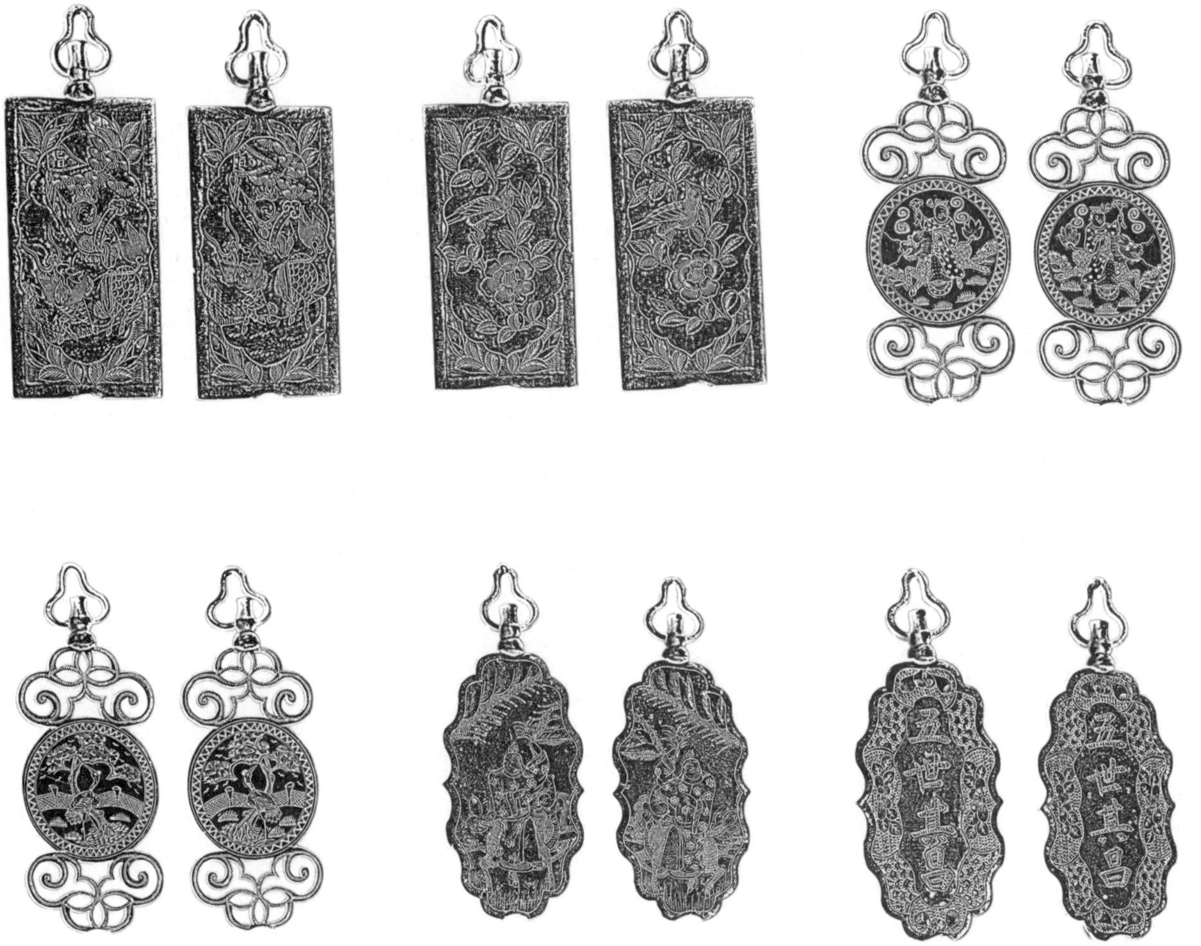

【平升三级】

此套帐钩采用双面镂雕，宝瓶造型，瓶上端多有一蝙蝠，寓福。下插三戟，名『平升三级』，寓官运亨通、高升平安。瓶体雕麒麟送子等图案，周饰松、竹、梅『岁寒三友』等内容。帐钩连接处采用万向轴，实用性强。此类较大型帐钩，造型、结构、图饰往往多重复合，表达寓意更加丰富。

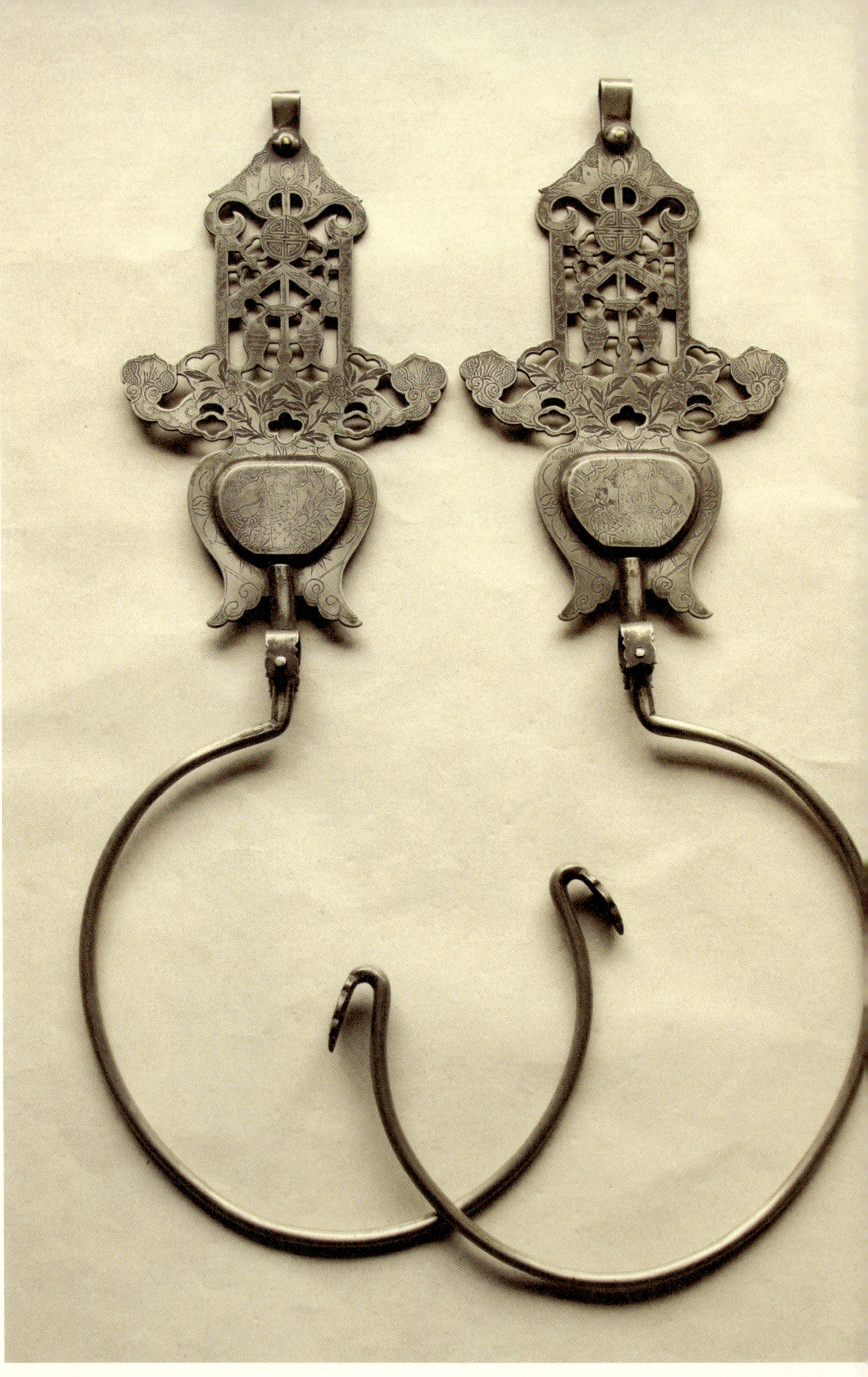

380mm×180mm

380mm×180mm

350mm×175mm

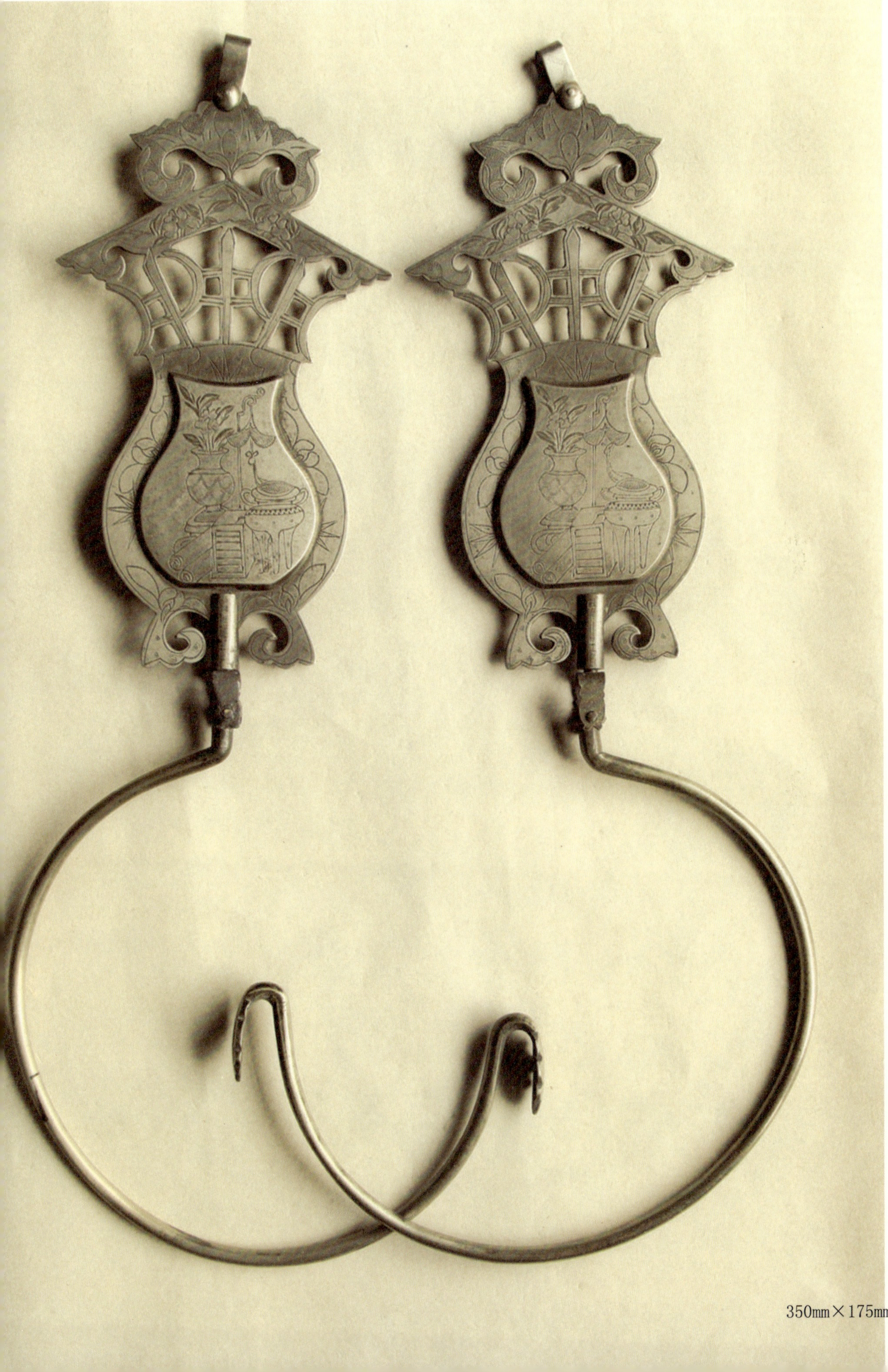

350mm×175mm

360mm×150mm

310mm×150mm

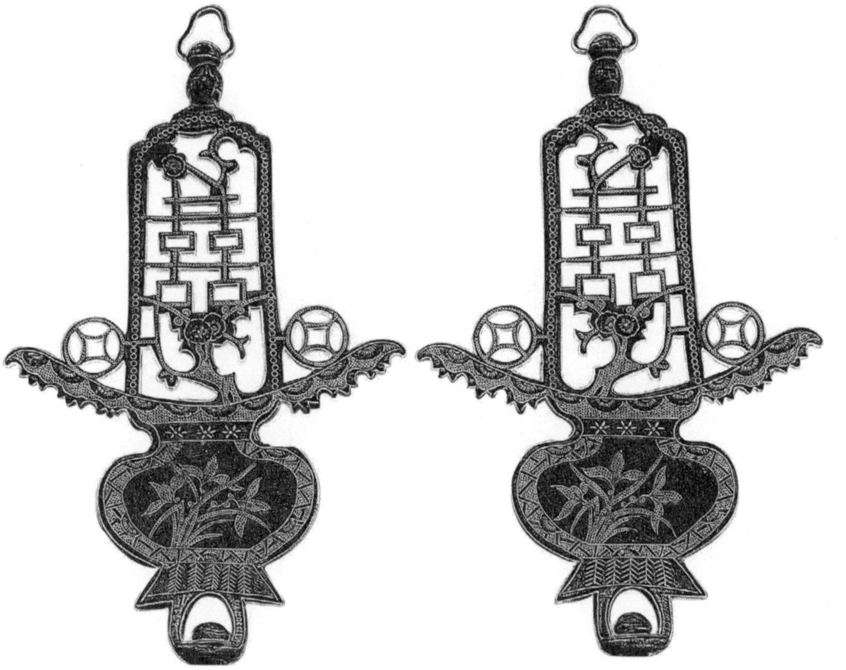

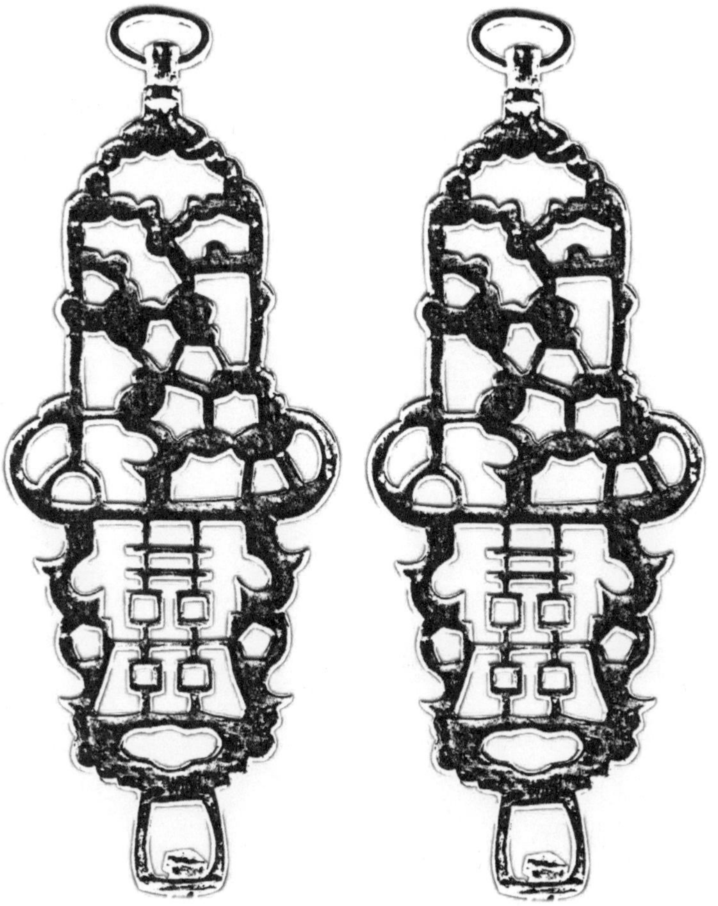

喜上眉梢

古人以喜鹊作为喜的象征，有『灵鹊兆喜』之说。中国又有喜爱梅花之传统，以其有报春、吉祥之意，并谐音『眉』与喜鹊对应，形成了『喜上眉梢』之语及传统吉祥图饰。而『喜』字作为中国传统吉祥图饰运用，往往成双，有男女欢喜、婚姻美满、子孙满堂、家庭和美等寓意，是中国传统文化中独特的幸福和谐的象征。

300㎜×160㎜

和合二仙

和合二仙是中国民间广受欢迎的神仙，是中国传统的和谐欢喜之爱神，为寒山和拾得两位高僧的合称。他们一位手持并蒂莲，另一位手拿宝盒，五福盘旋上空，意寓好合喜乐、福喜临门。尽管两位是得道高僧，但他们在寺庙供奉不多，却多见于年画、门神、木雕、竹雕、砖雕、漆雕、瓷器、织绣、剪纸等民间艺术品中。他们是神，是走下了森严的神坛的神，是广大民众心中的神，是大家喜爱的神、亲近的神！在金属帐钩中，他们多以活泼可爱的童子形象出现，是一幅幅没有『神气』却有灵气的、生动的童子图。

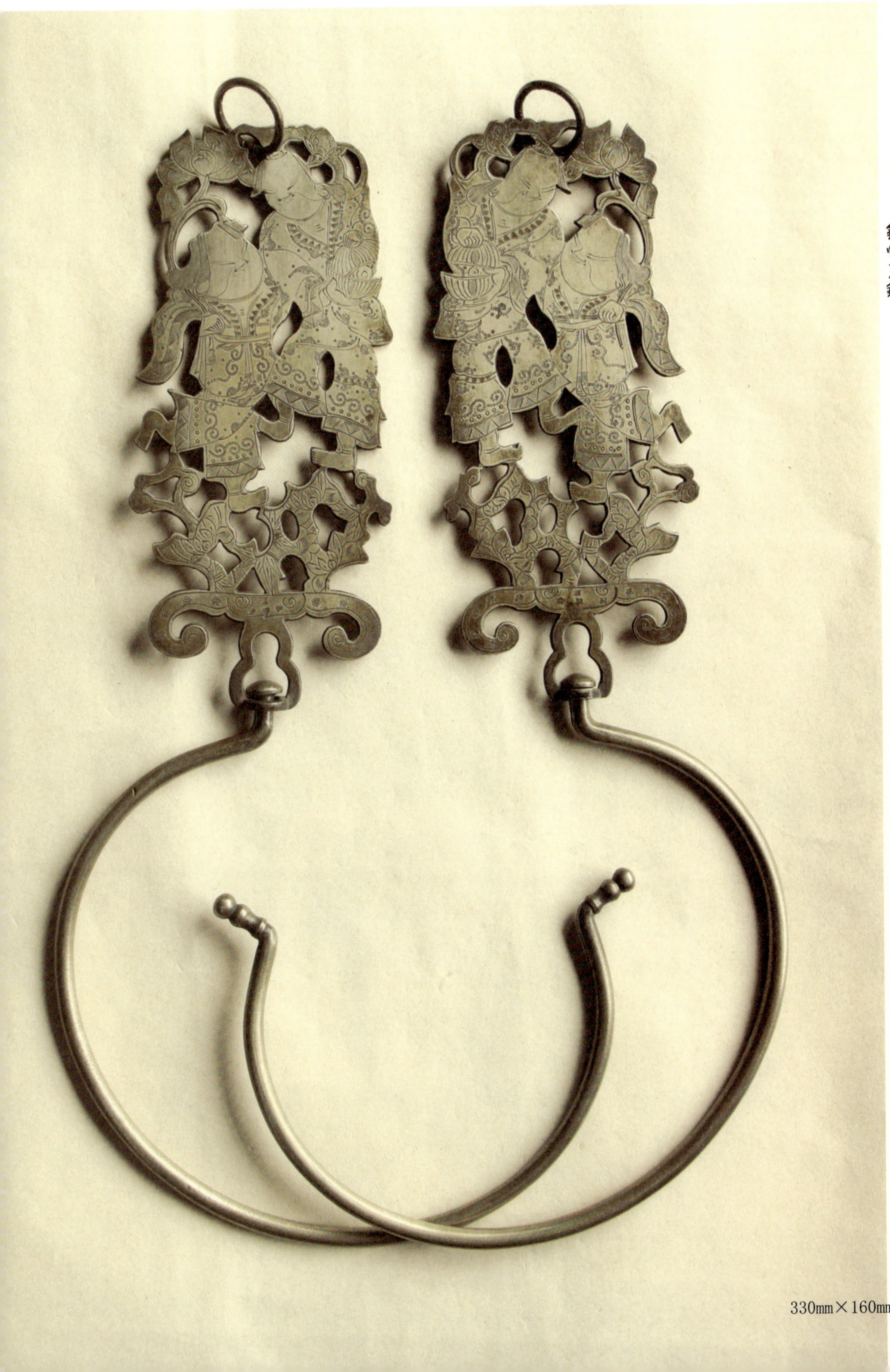

330mm×160mm

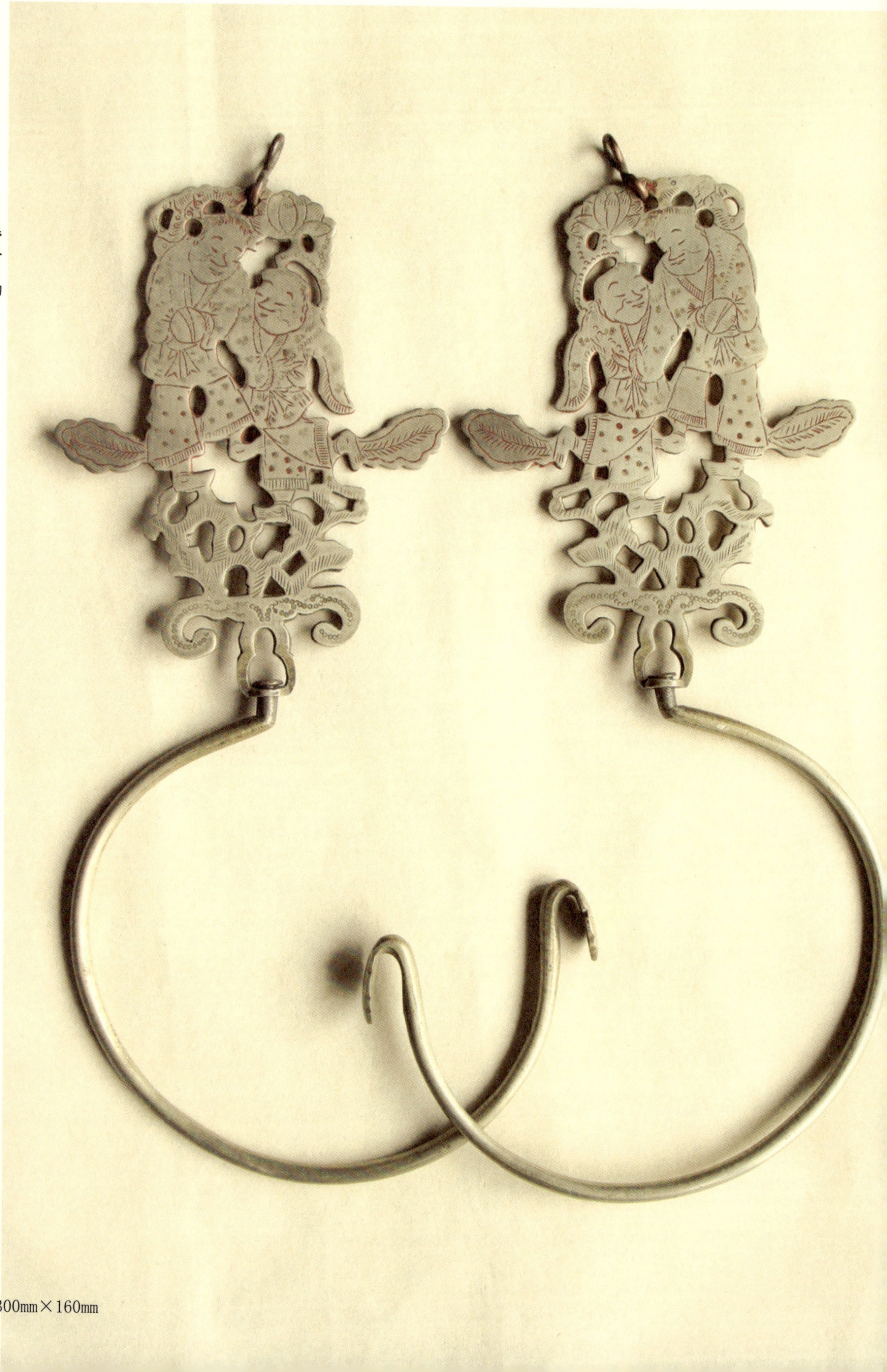

300mm×160mm

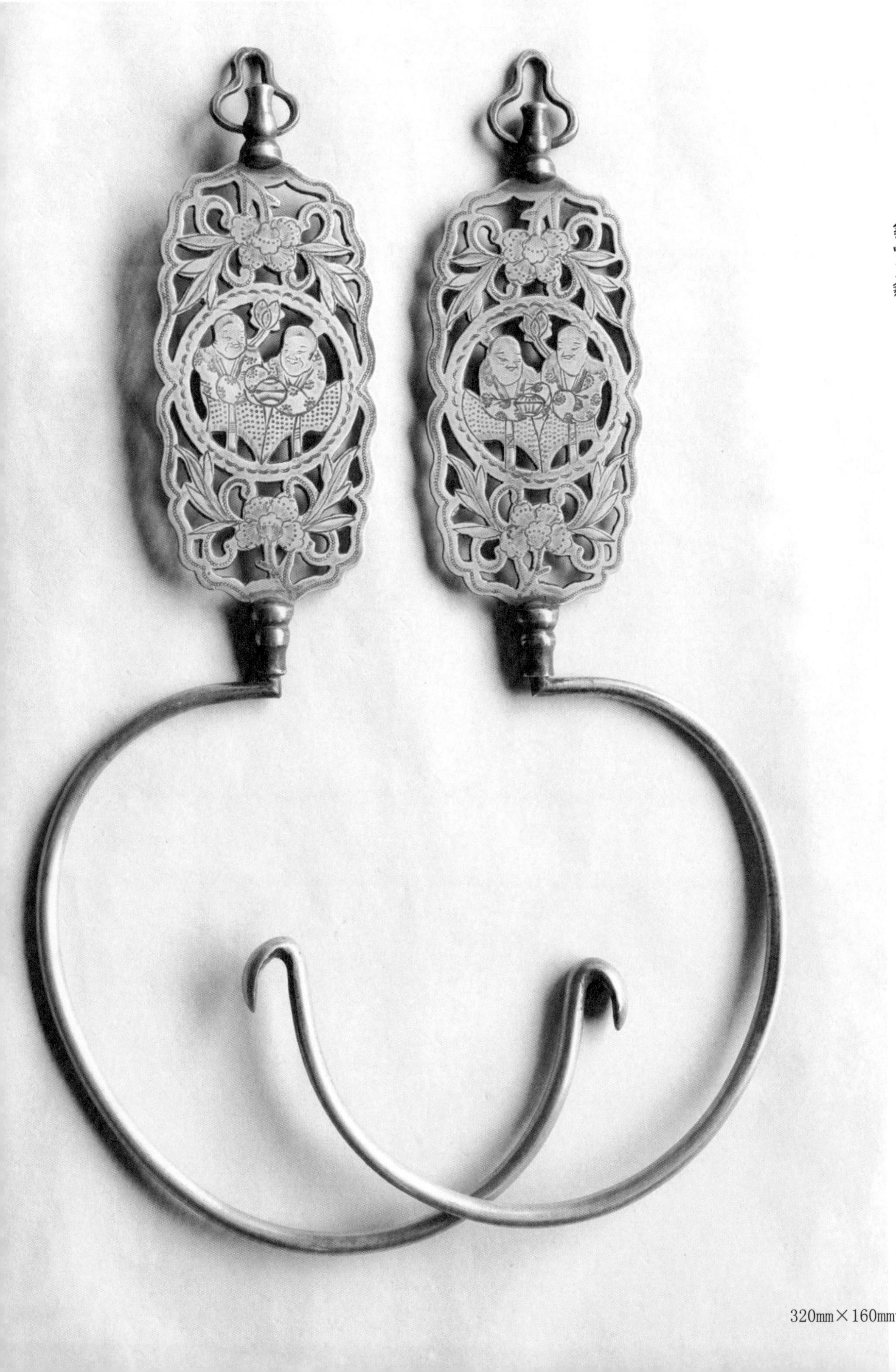

320mm×160mm

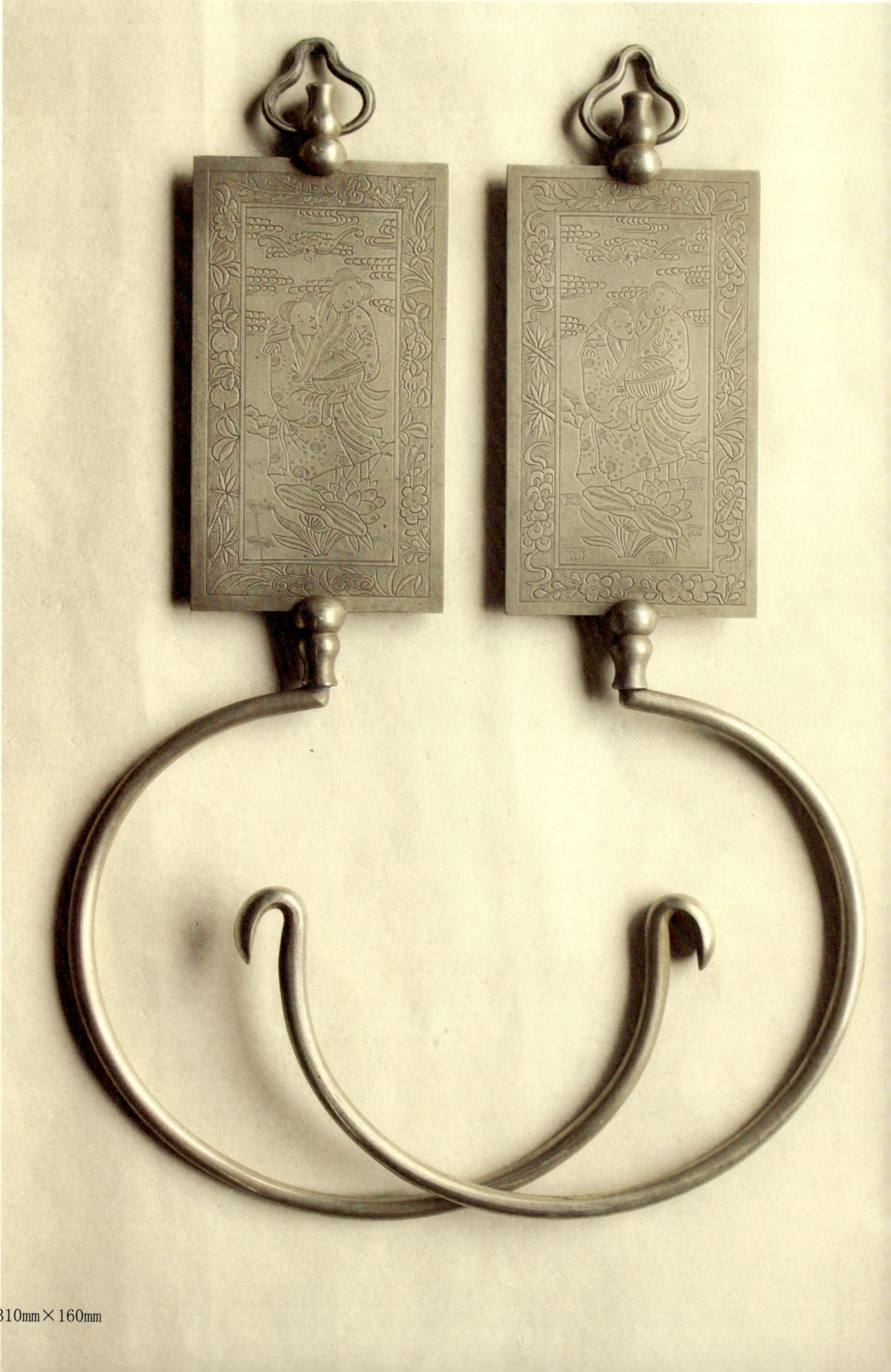

310㎜×160㎜

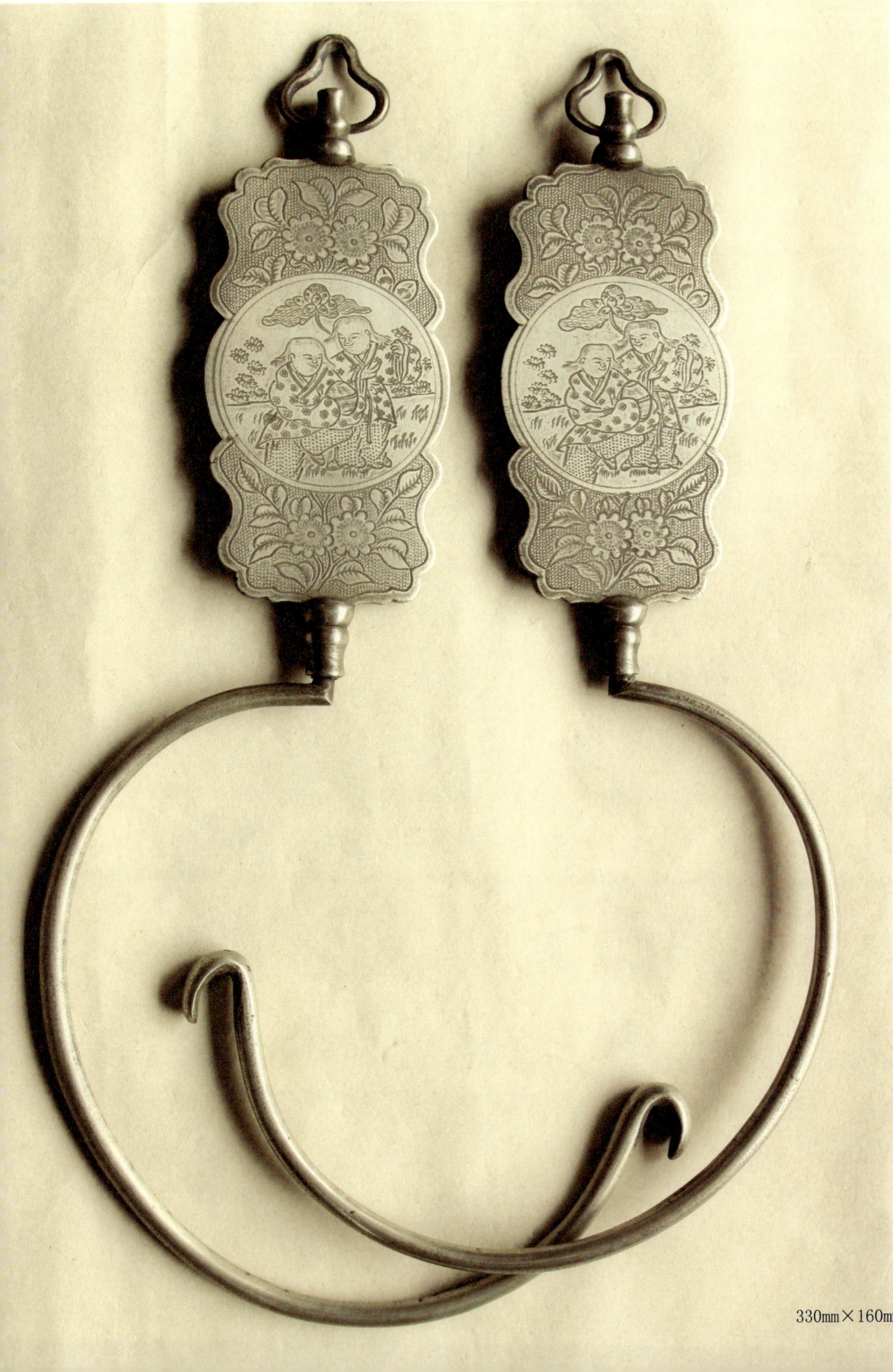

330㎜×160㎜

300mm×160mm

320mm×165mm

400mm×200mm

400mm×200mm

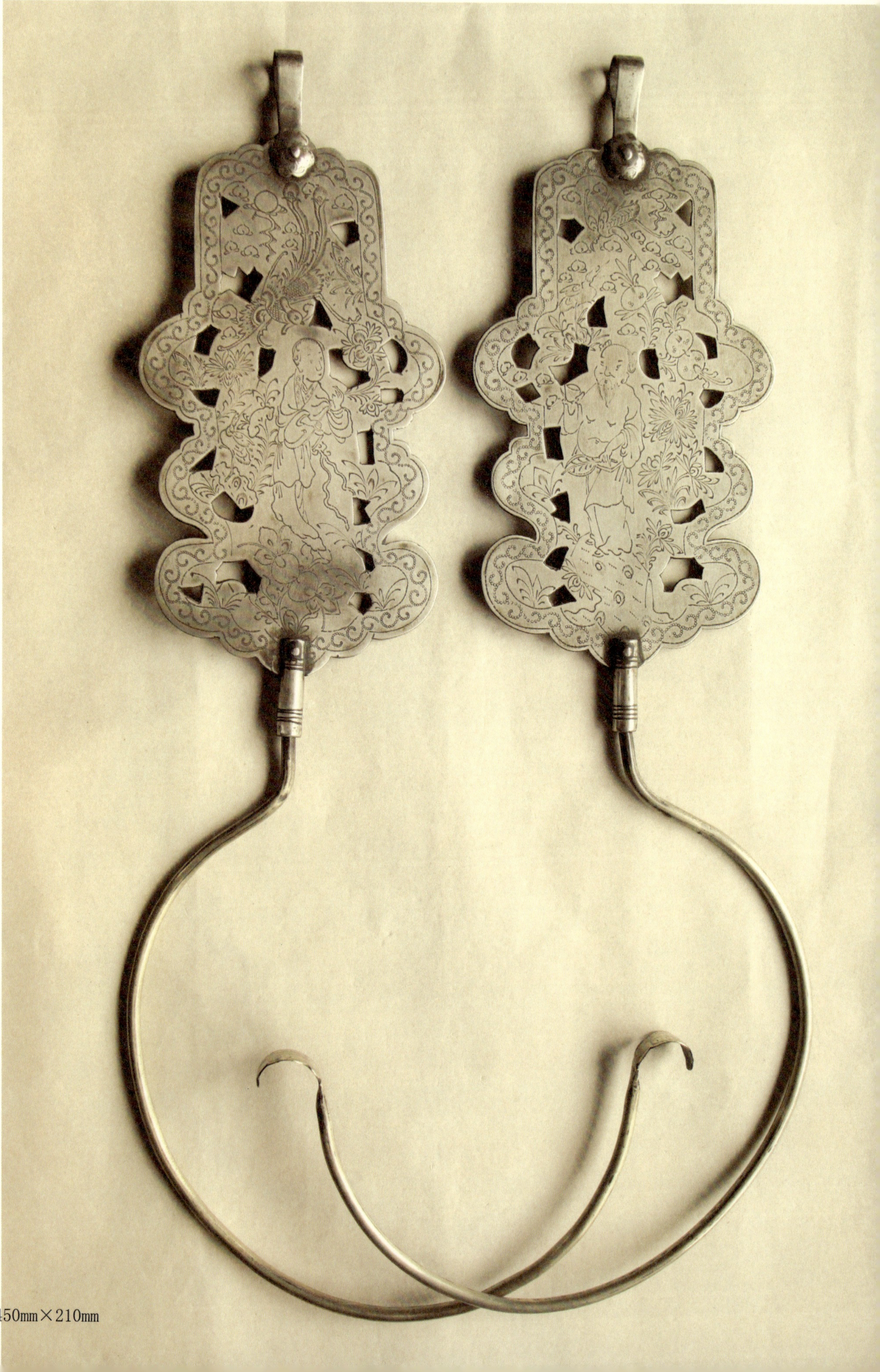

450mm×210mm

450mm×210mm

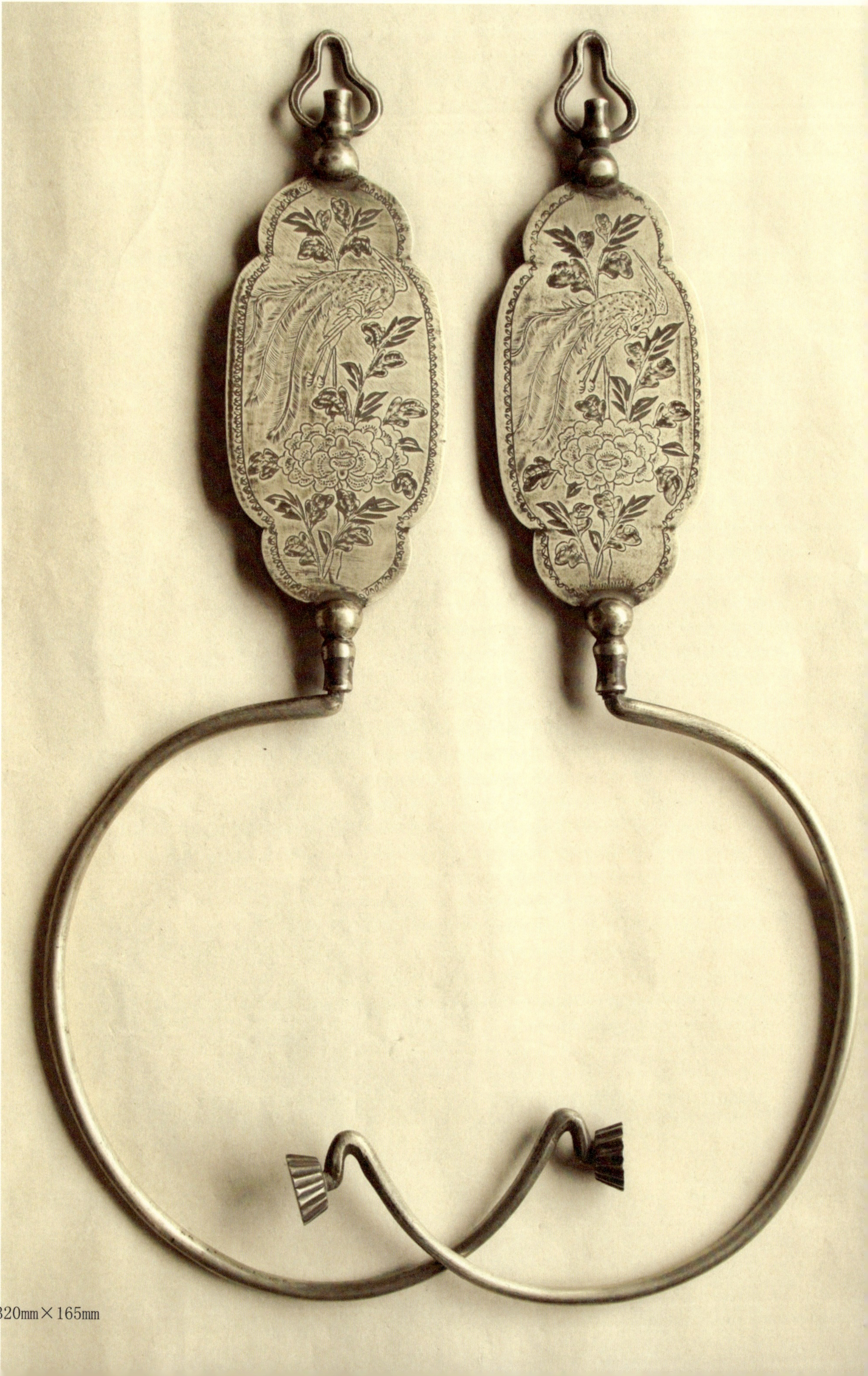

320mm×165mm

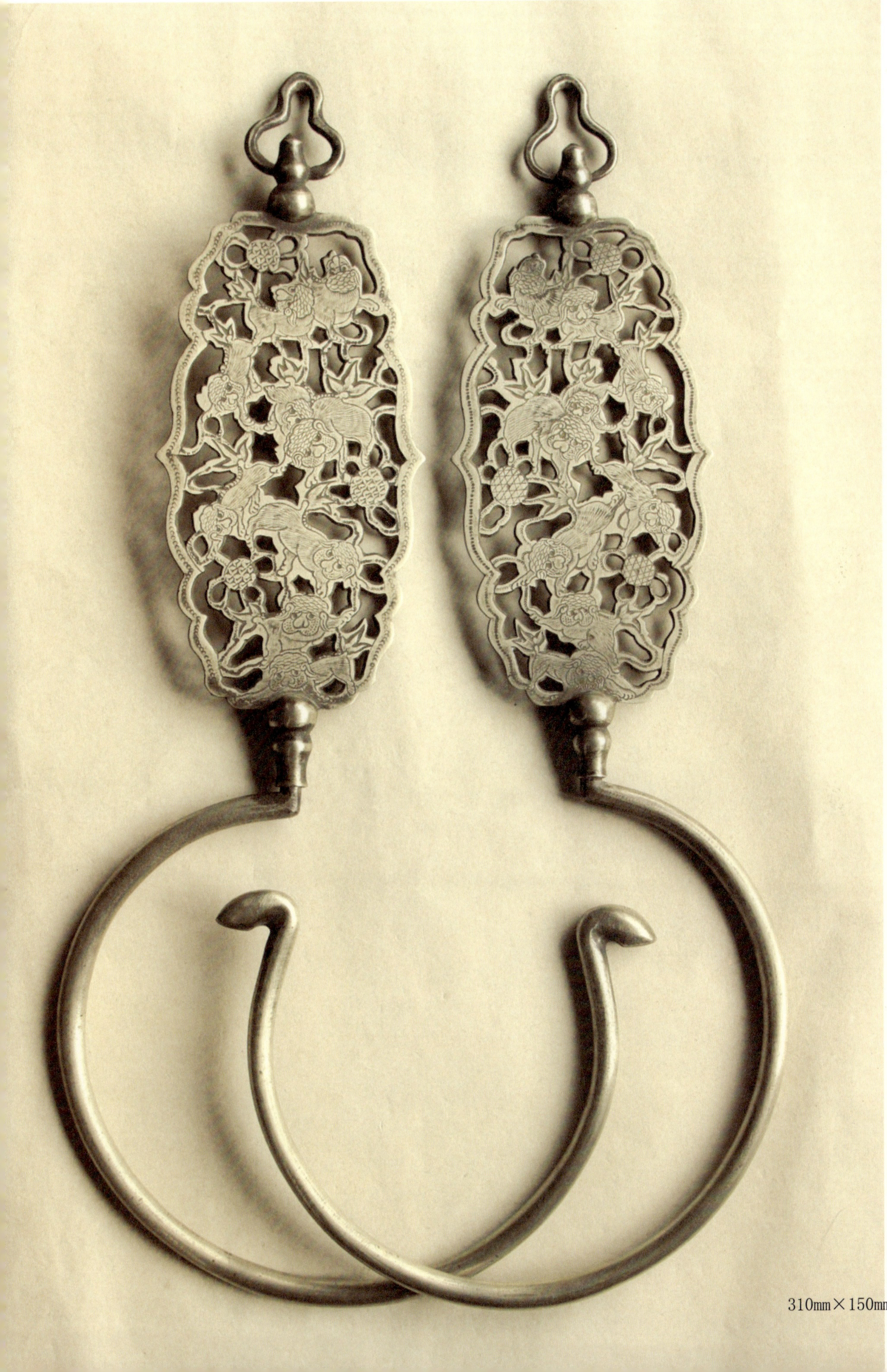

310mm×150mm

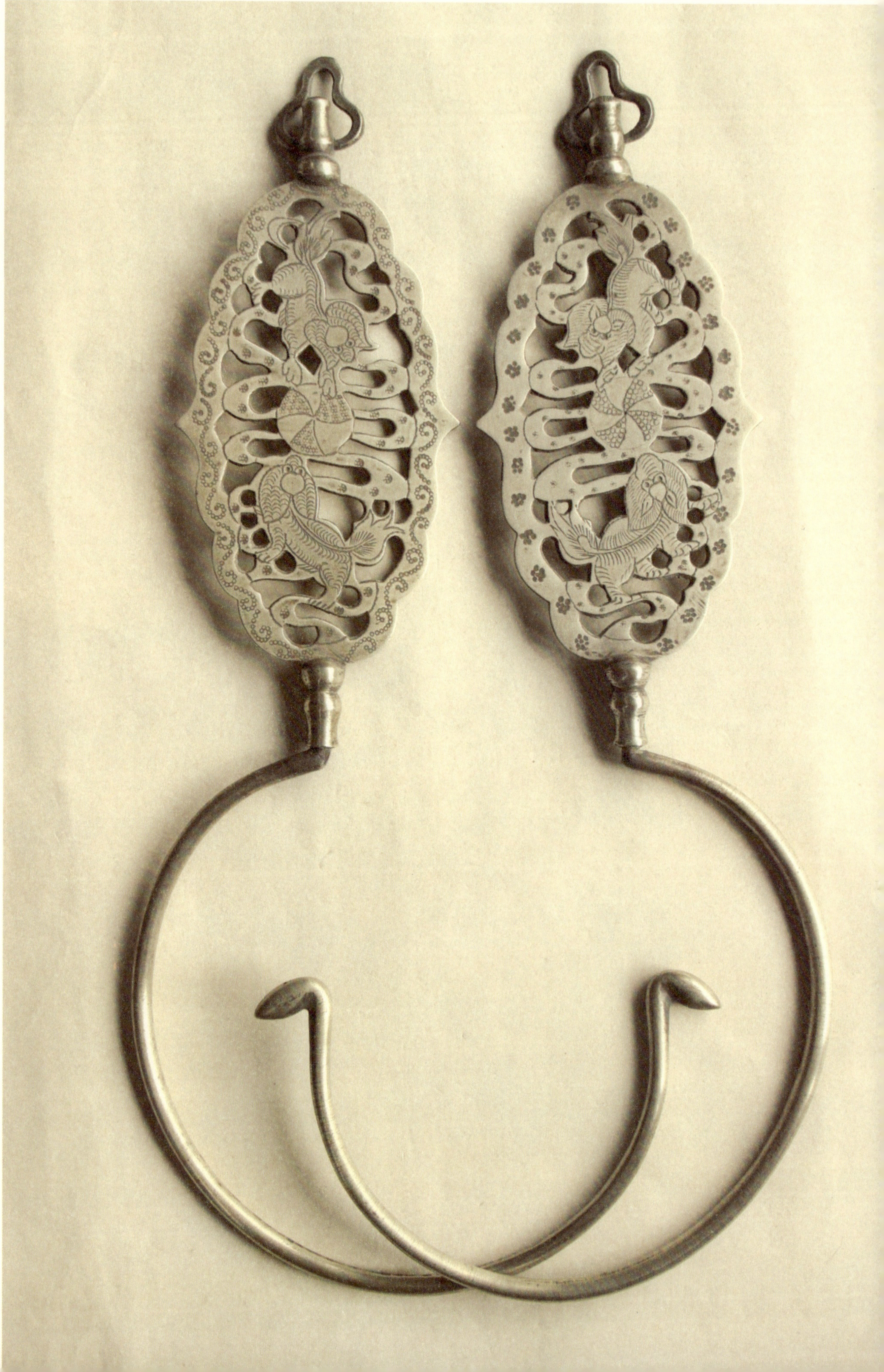

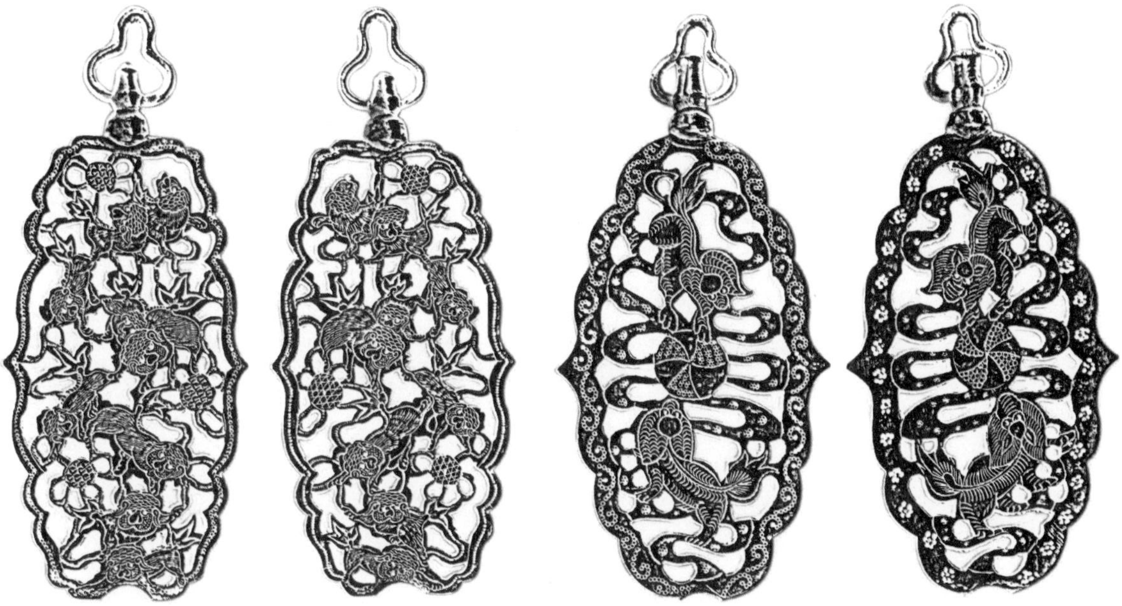

狮子滚绣球

狮子滚绣球是中国传统的吉祥纹饰。狮为百兽之王，是权力与威严的象征。佛教经典对狮子非常推崇，文珠菩萨座骑即为狮子。民间谓狮子是祛灾镇邪、吉祥幸福之瑞兽，同时又有保佑家人平安、护子多子之意。

瓜果贵子

多子题材在中国传统吉祥纹饰中很多，如莲生贵子、石榴多子、葫芦多子等。这些生活中的实用瓜果，经过漫长的历史积淀，人们赋予了它们特殊的情怀和寄托，成了民间具有人文意味的圣果。

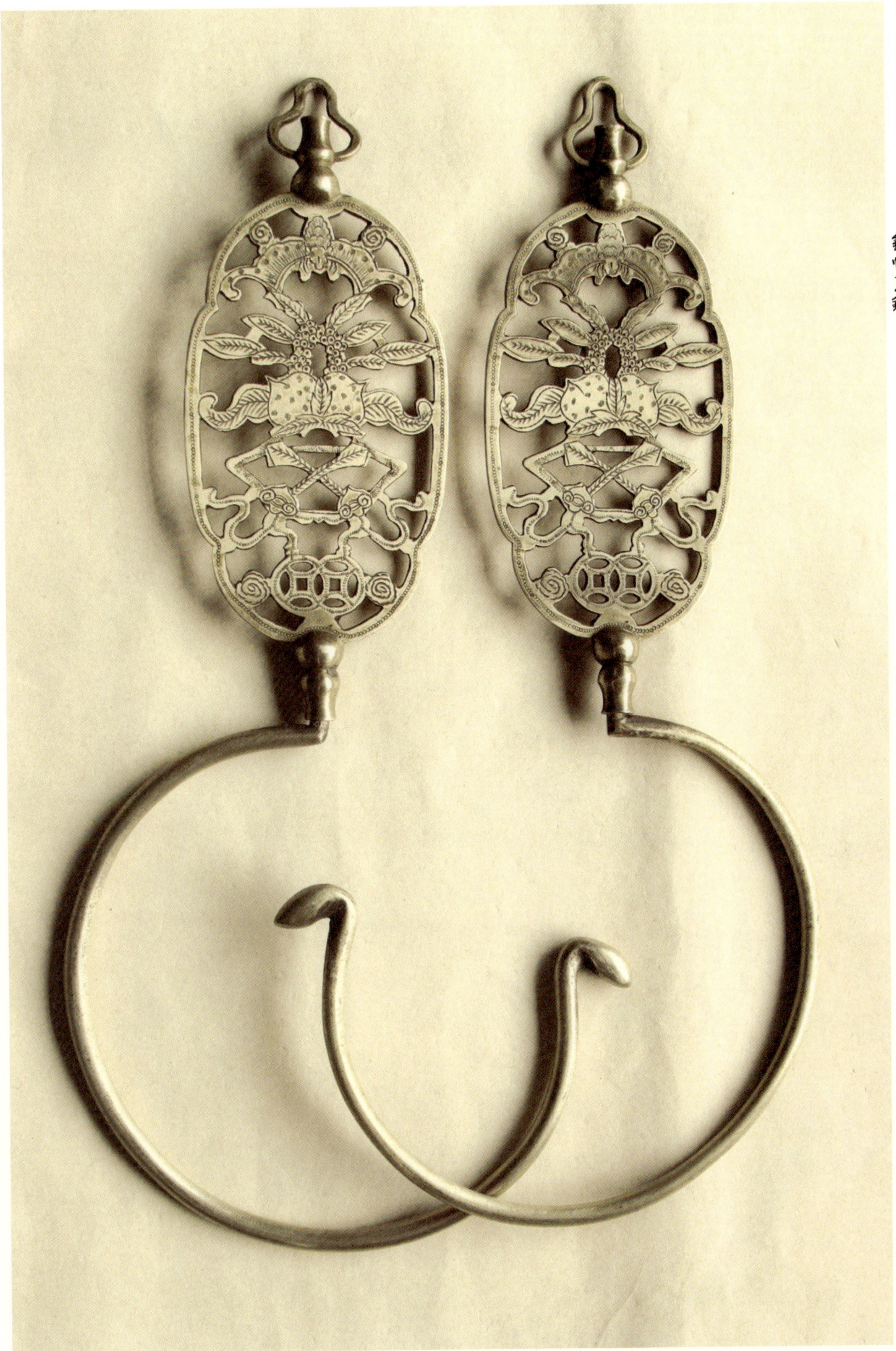

320mm×155mm

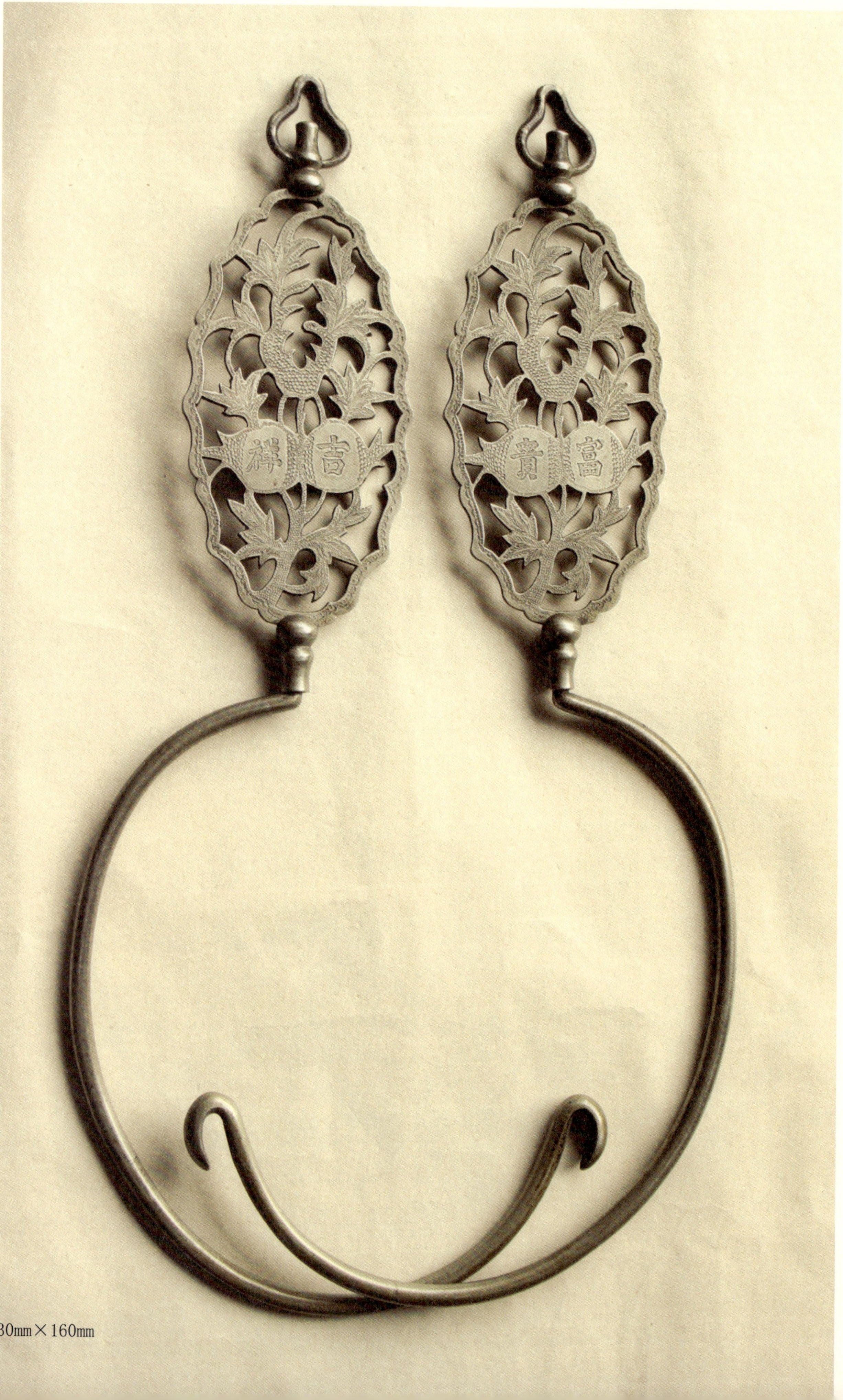

330㎜×160㎜

330mm×160mm

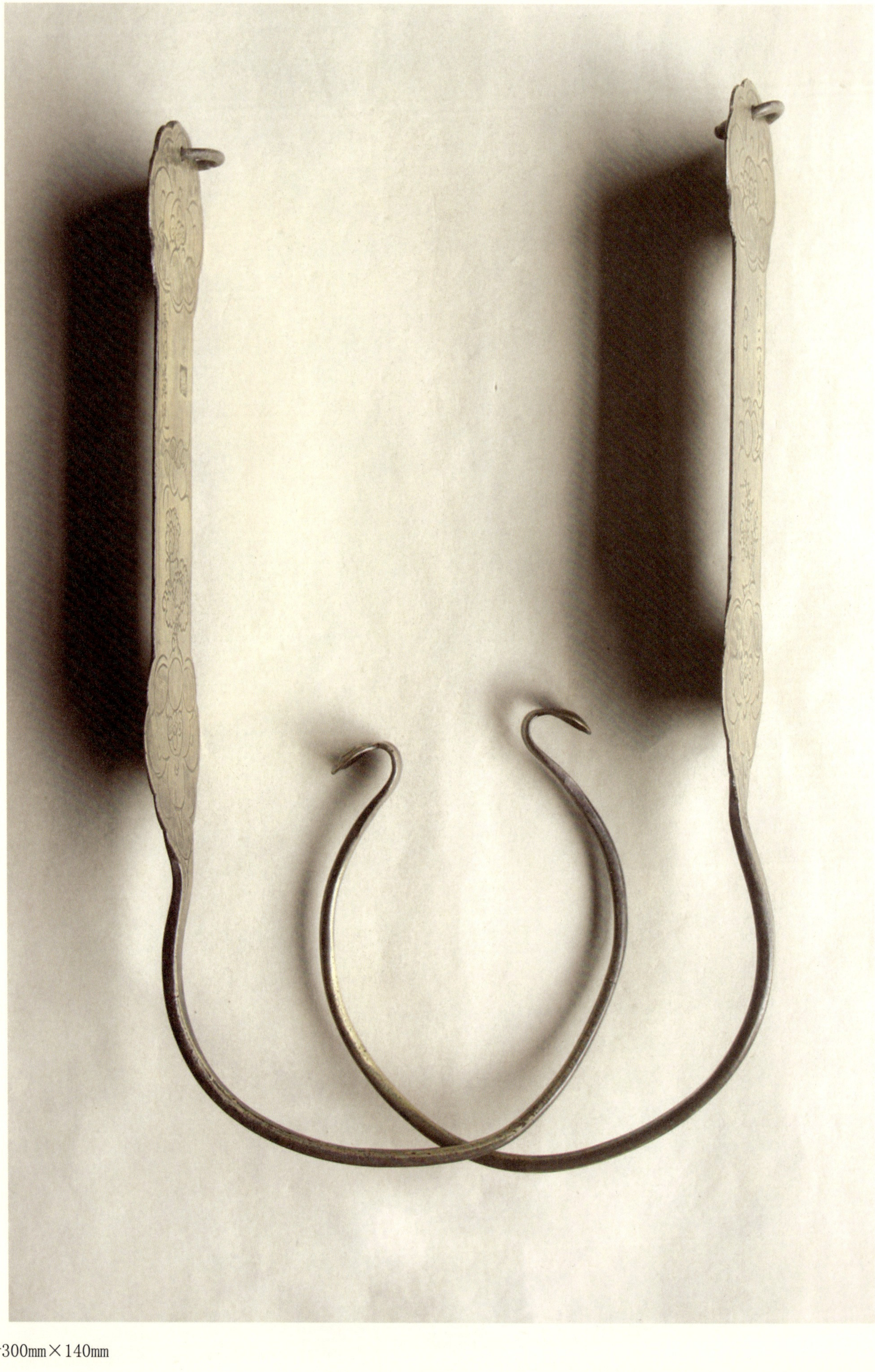

300mm×140mm

300mm×140mm

155mm×65mm

155mm×65mm

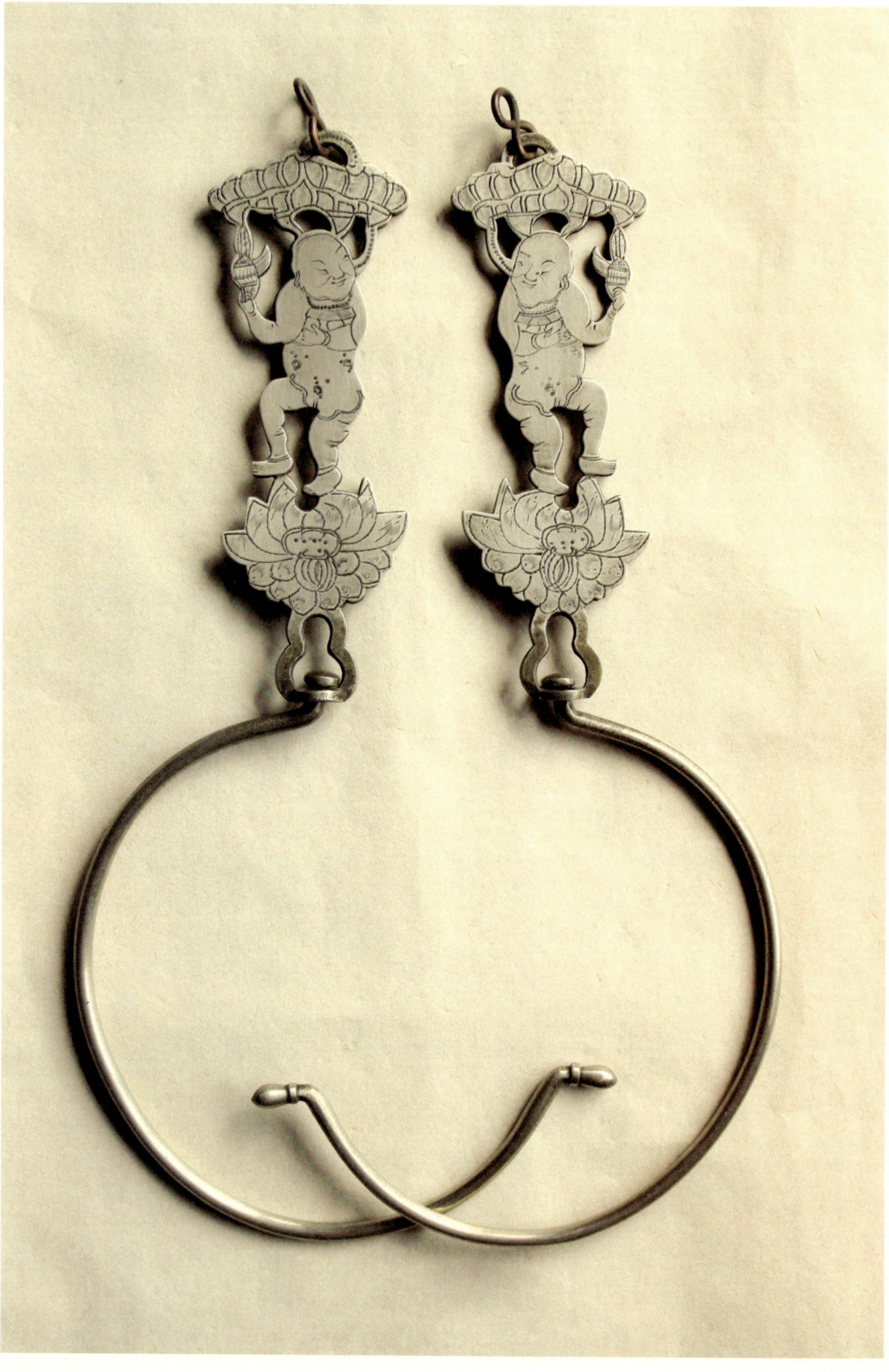

270mm×130mm

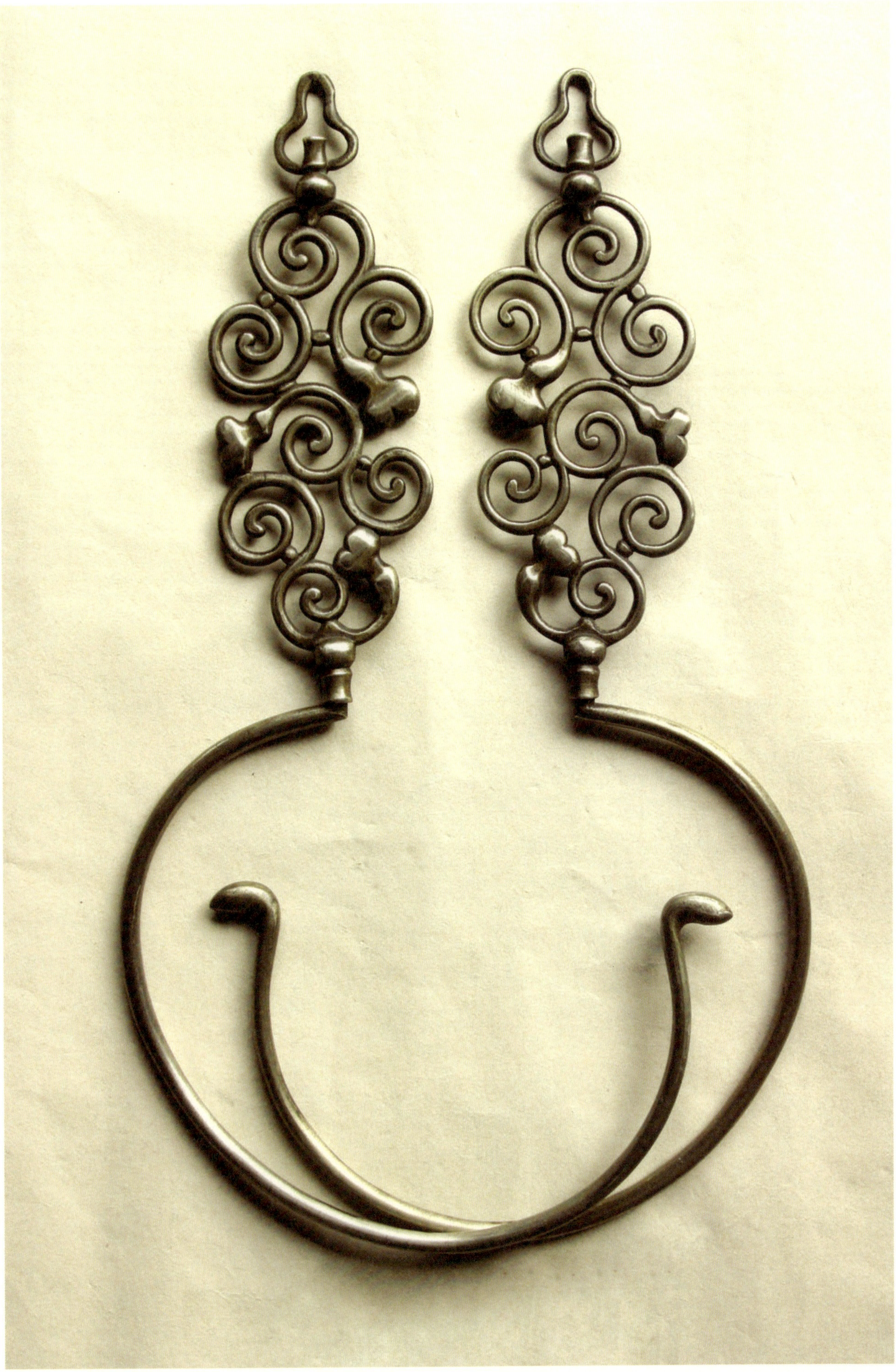

310㎜×160㎜

【葫芦多子】

葫芦在生活中可食用，可做各类容器，如瓢、壶、碗等，又有多籽的自然属性，同时，其外形被誉为『宝瓶』型，有『平安』之意。传说伏羲和女娲遇大洪水，躲在葫芦中逃生。《诗经》中就有对葫芦的描写。暗八仙中的葫芦代表铁拐李。葫芦又与『福』『禄』谐音。葫芦的饱满让人与母体和生殖的意念产生联想。上述使葫芦兼具着朴实之人性和崇高之神性，成了有着人文意味的自然之果。

310㎜×160㎜

175mm×80mm

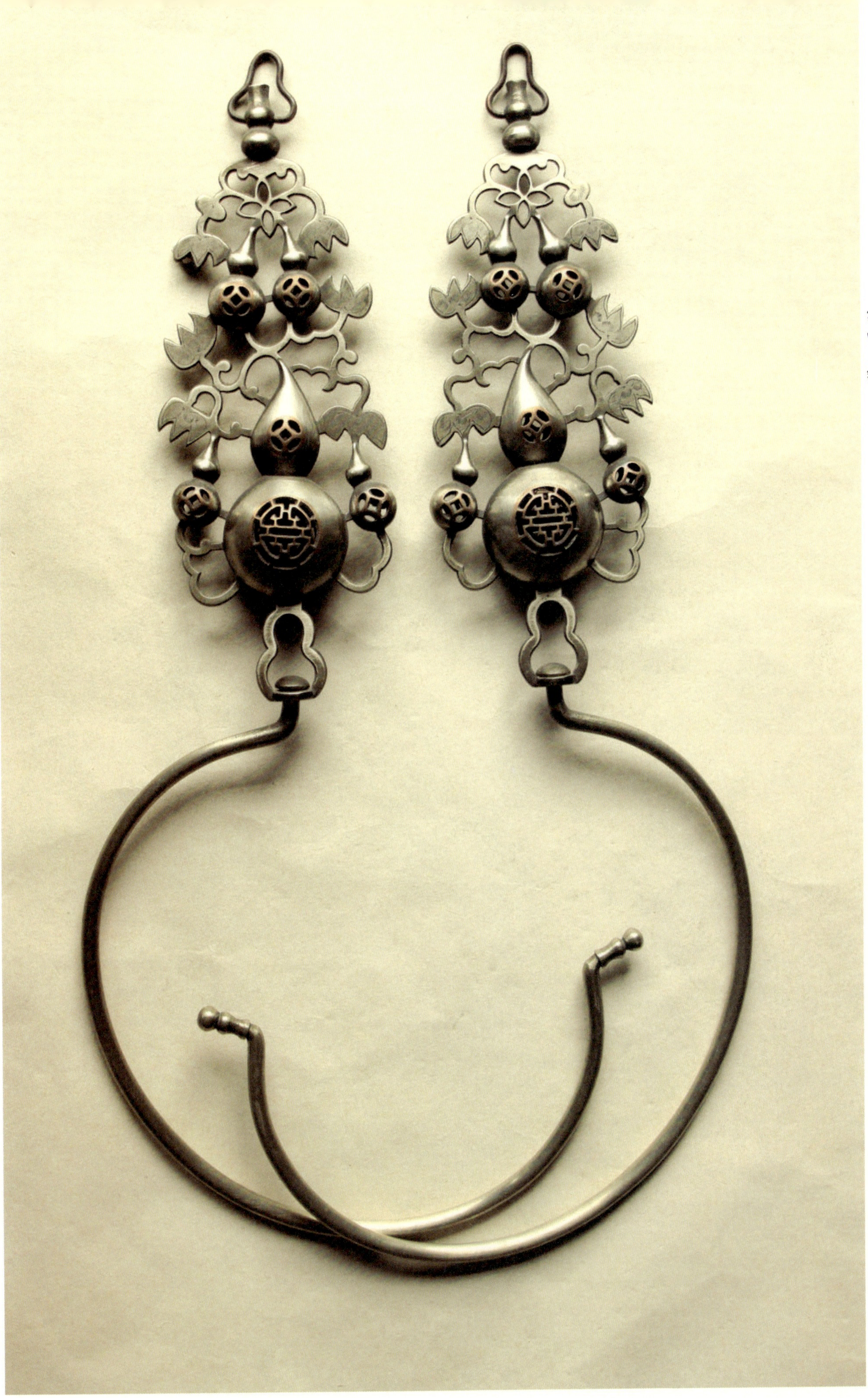

360mm×190mm

360mm×190mm

360mm×180mm

360mm×180mm

360mm×150mm

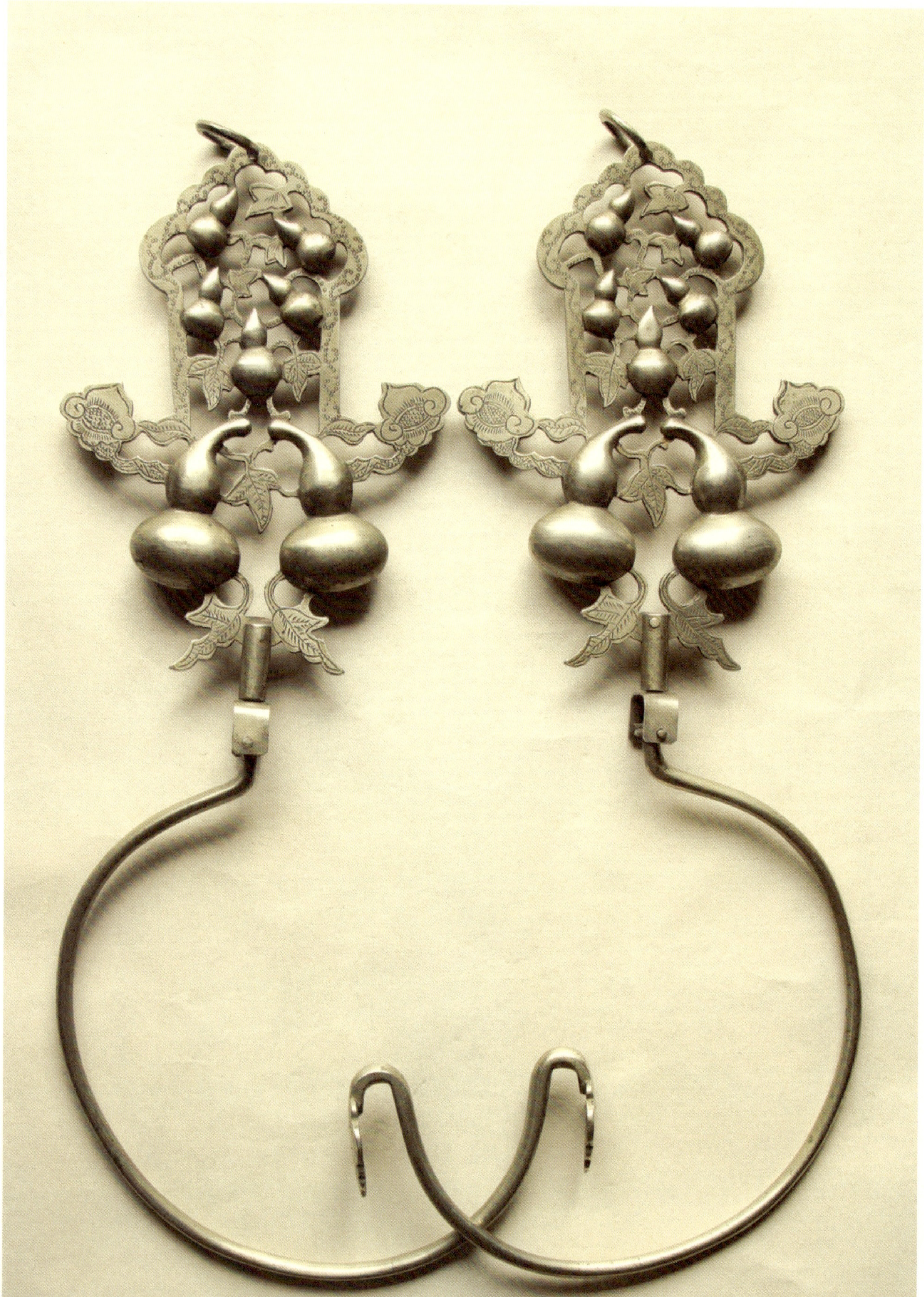

160㎜×160㎜

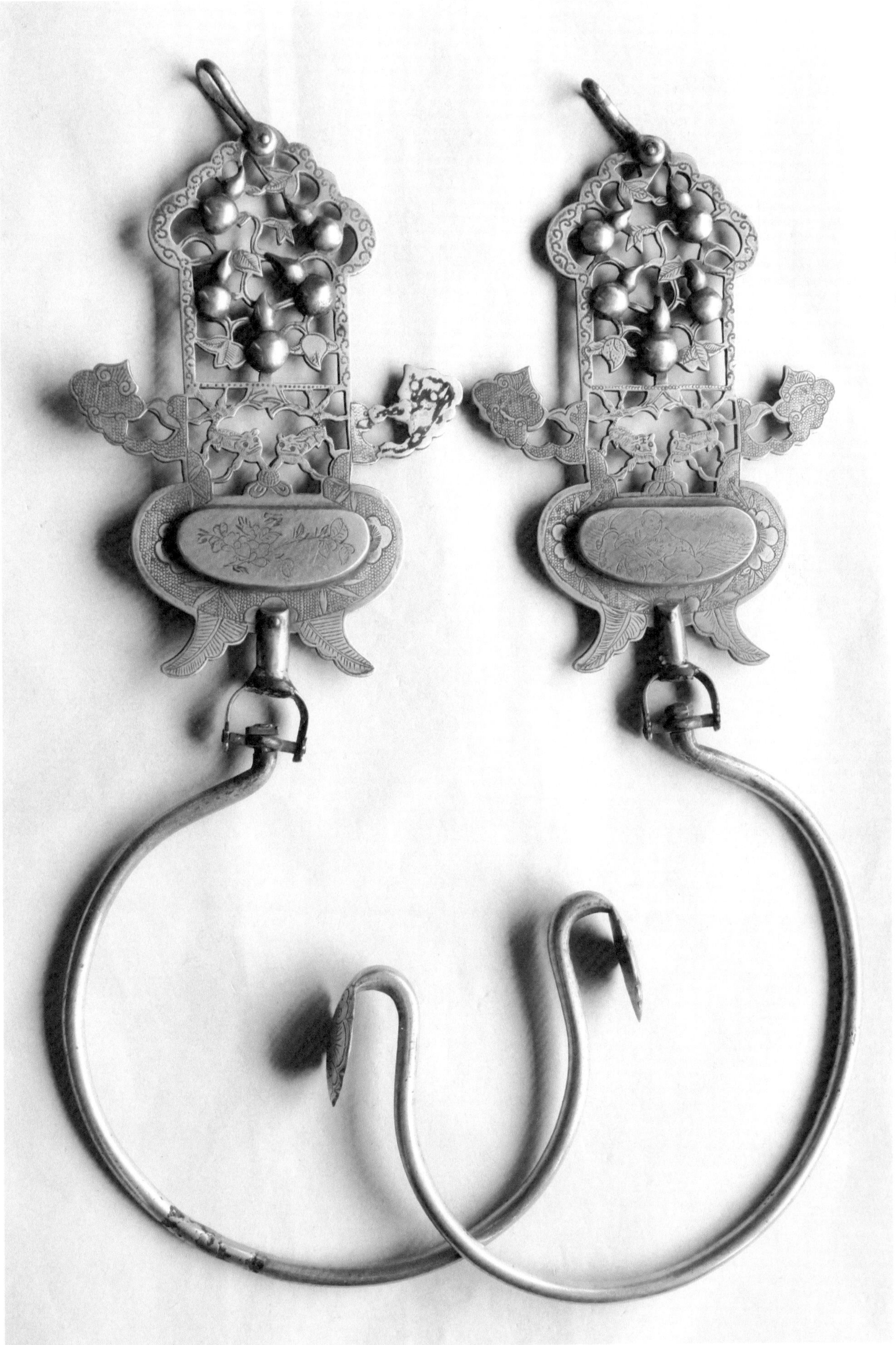

365mm×180mm

赞美生命、保佑生命、祈福祝寿是人类自我肯定、积极进取精神的表现。描写福寿之词，在中国成语中比比皆是。汉字福、寿往往又是人与自然、仙佛(宗教)共存、沟通的载体；人类的身心美好、健康、富裕，通常是福、寿的代表和象征。福、寿意义深广，包含着整个人生；福、寿之字体结构已成为美好的图腾，是真正的有意味的形式。福、寿的意义已超出了字体的本身，成了一种文化的象征，深深积淀在大众的心中。

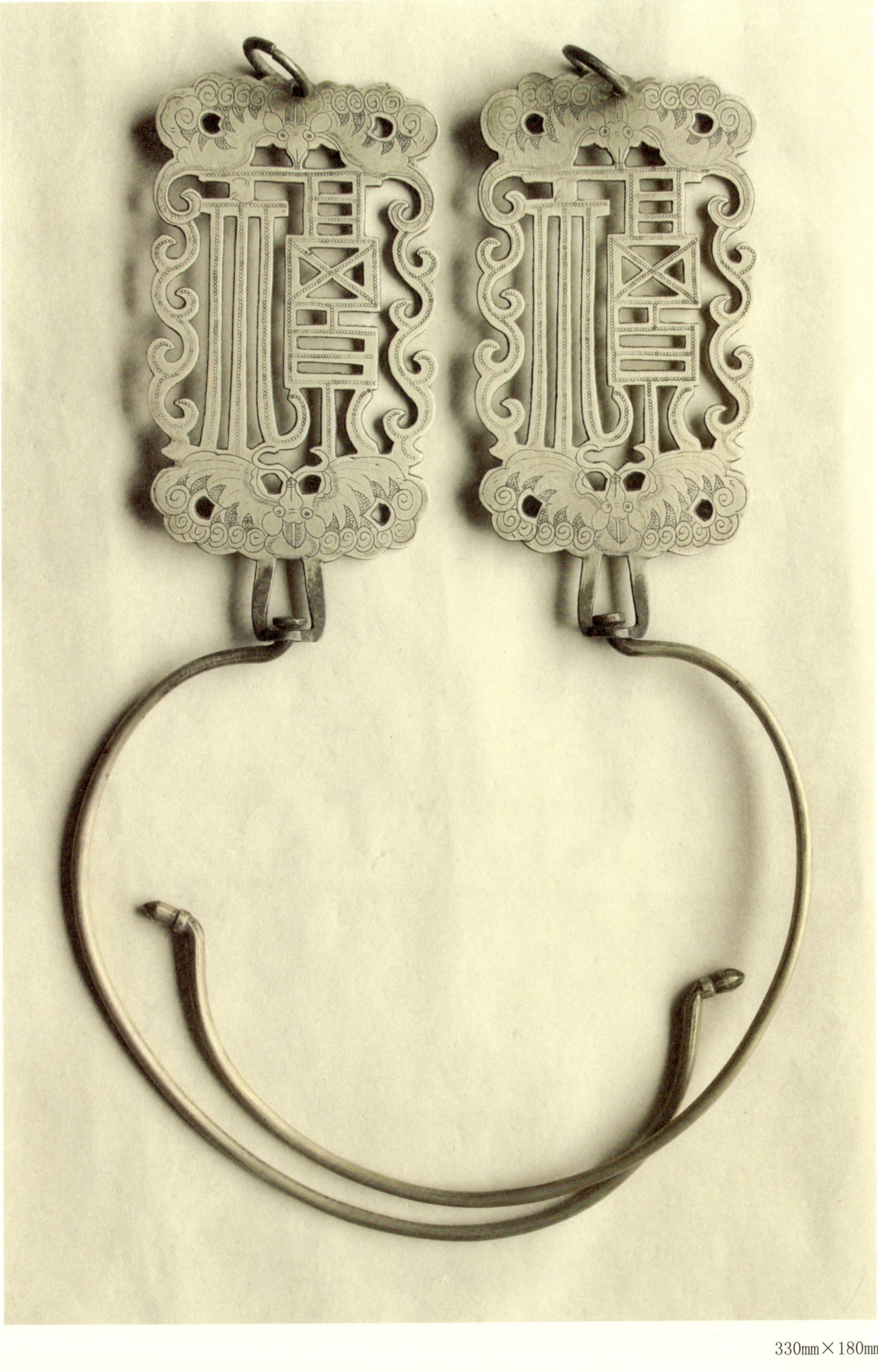

330mm×180mm

310×160㎜

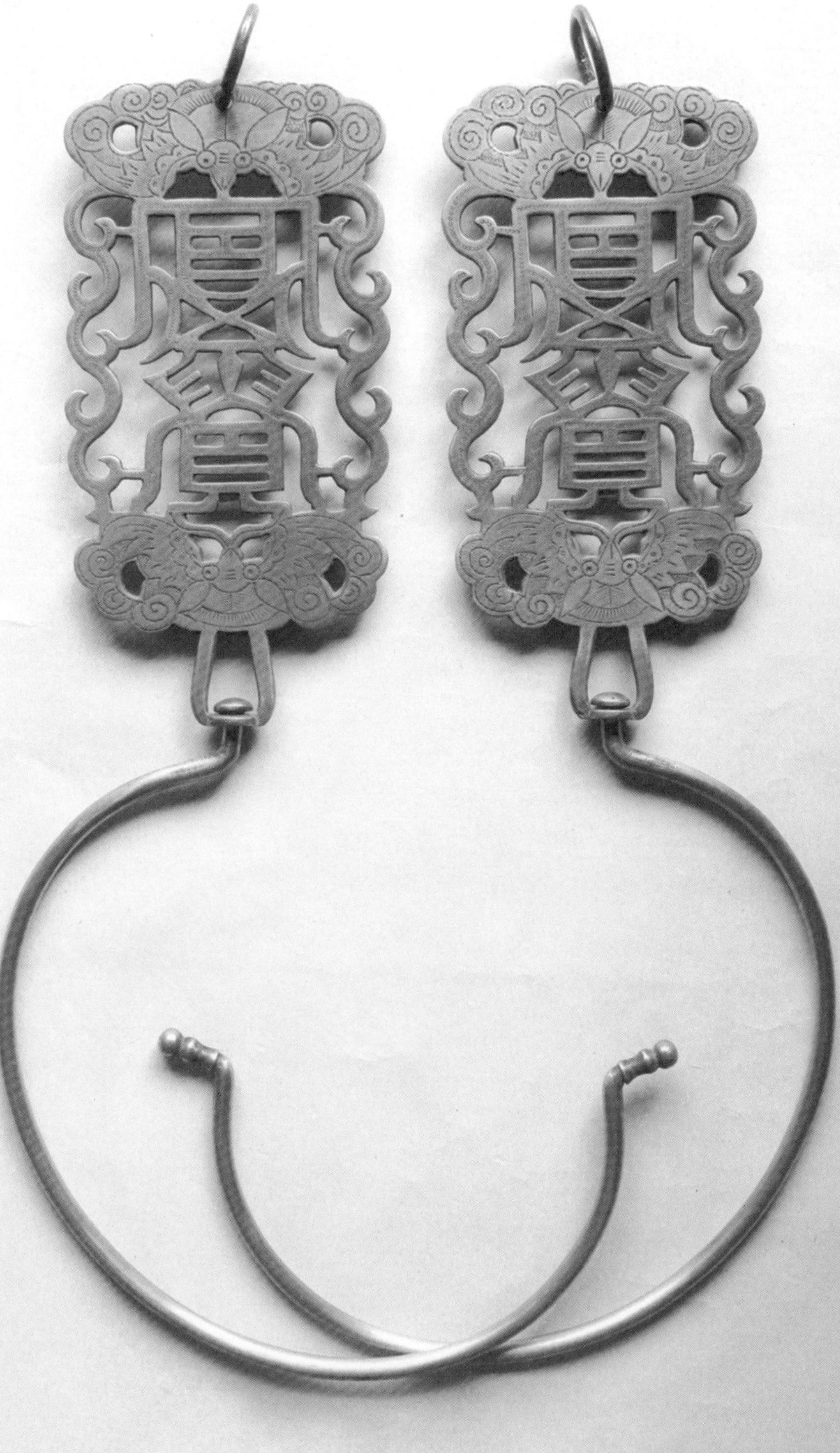

330×160㎜

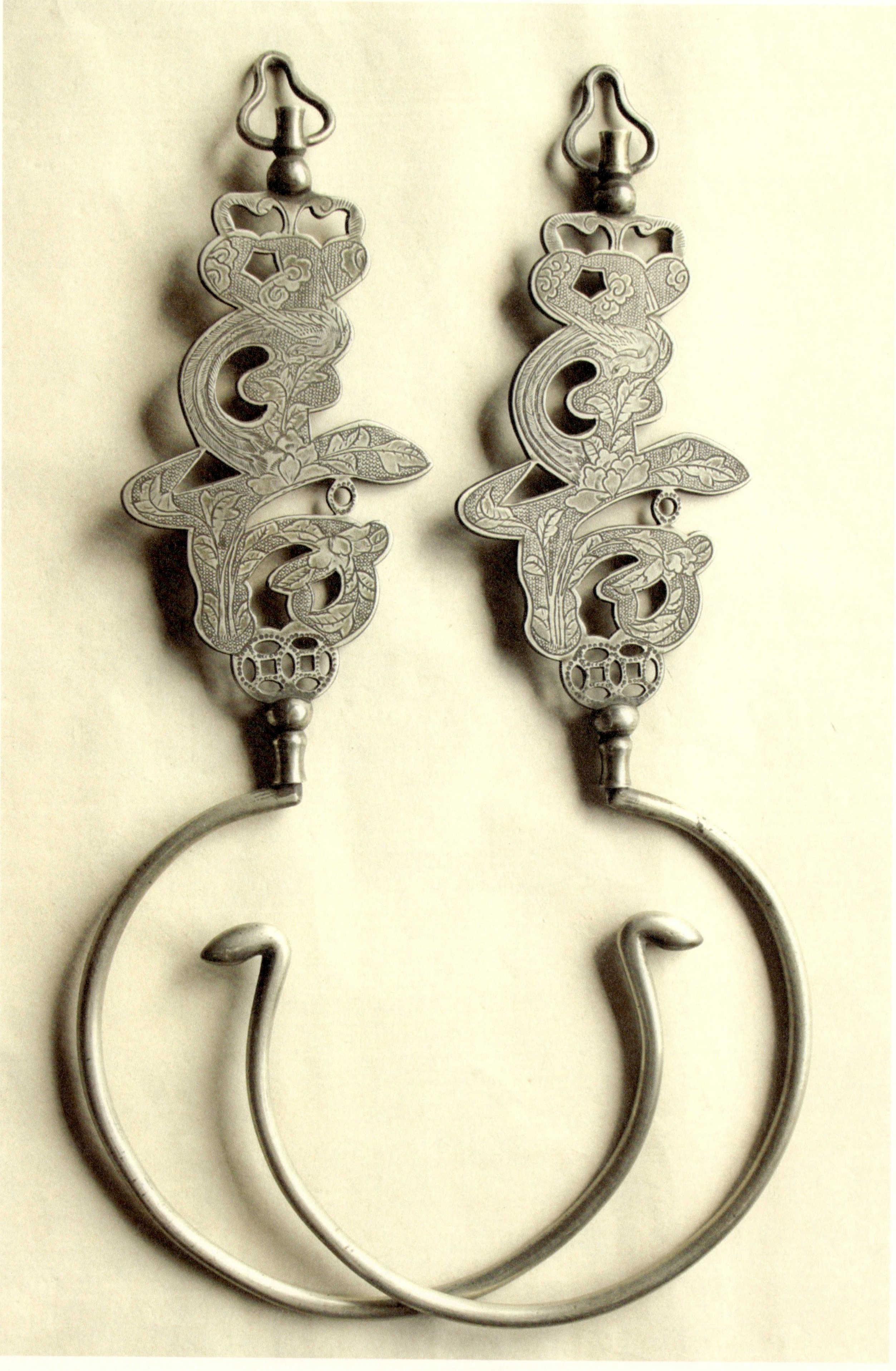

330mm×160mm

330mm×160mm

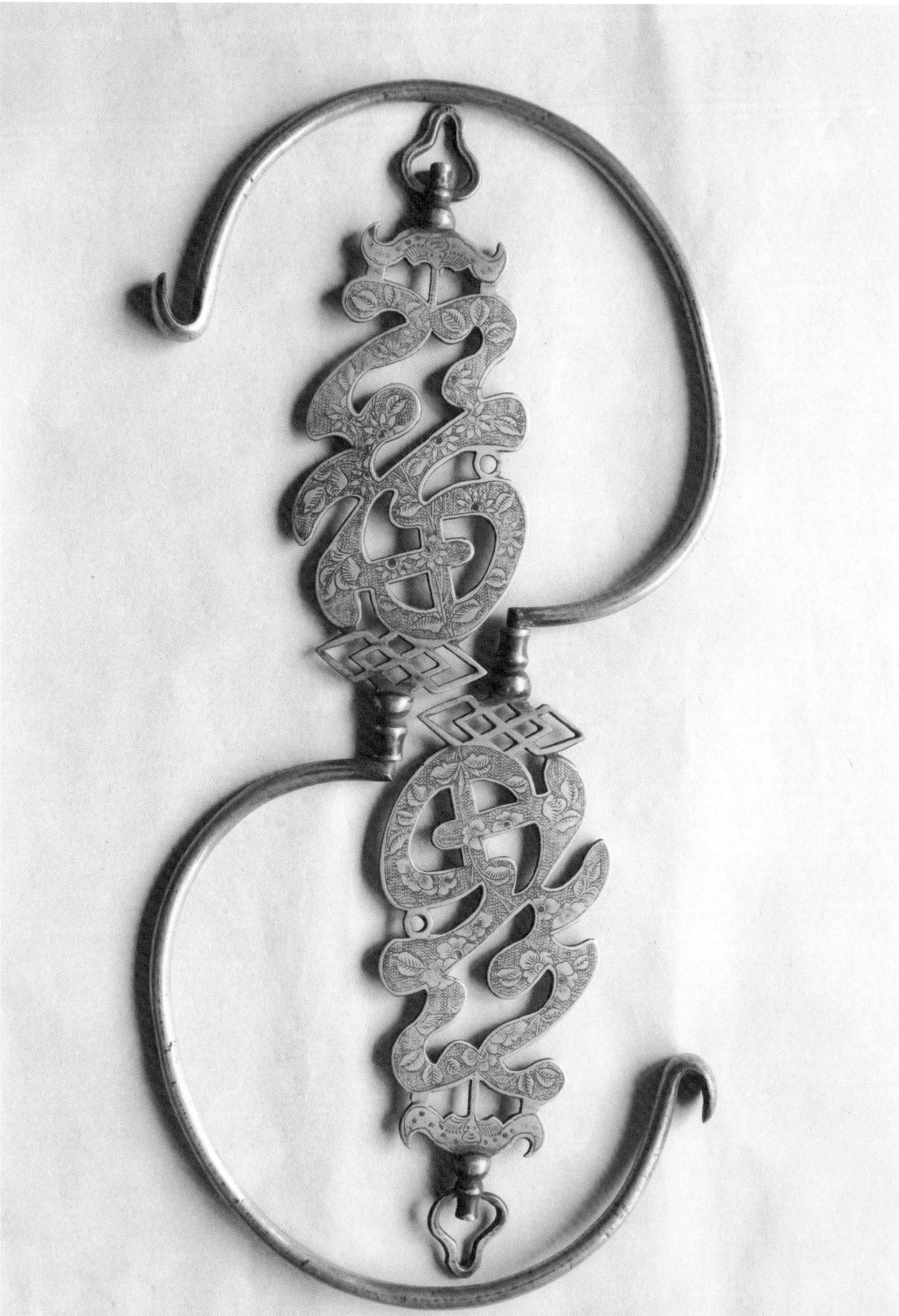

330mm×160mm

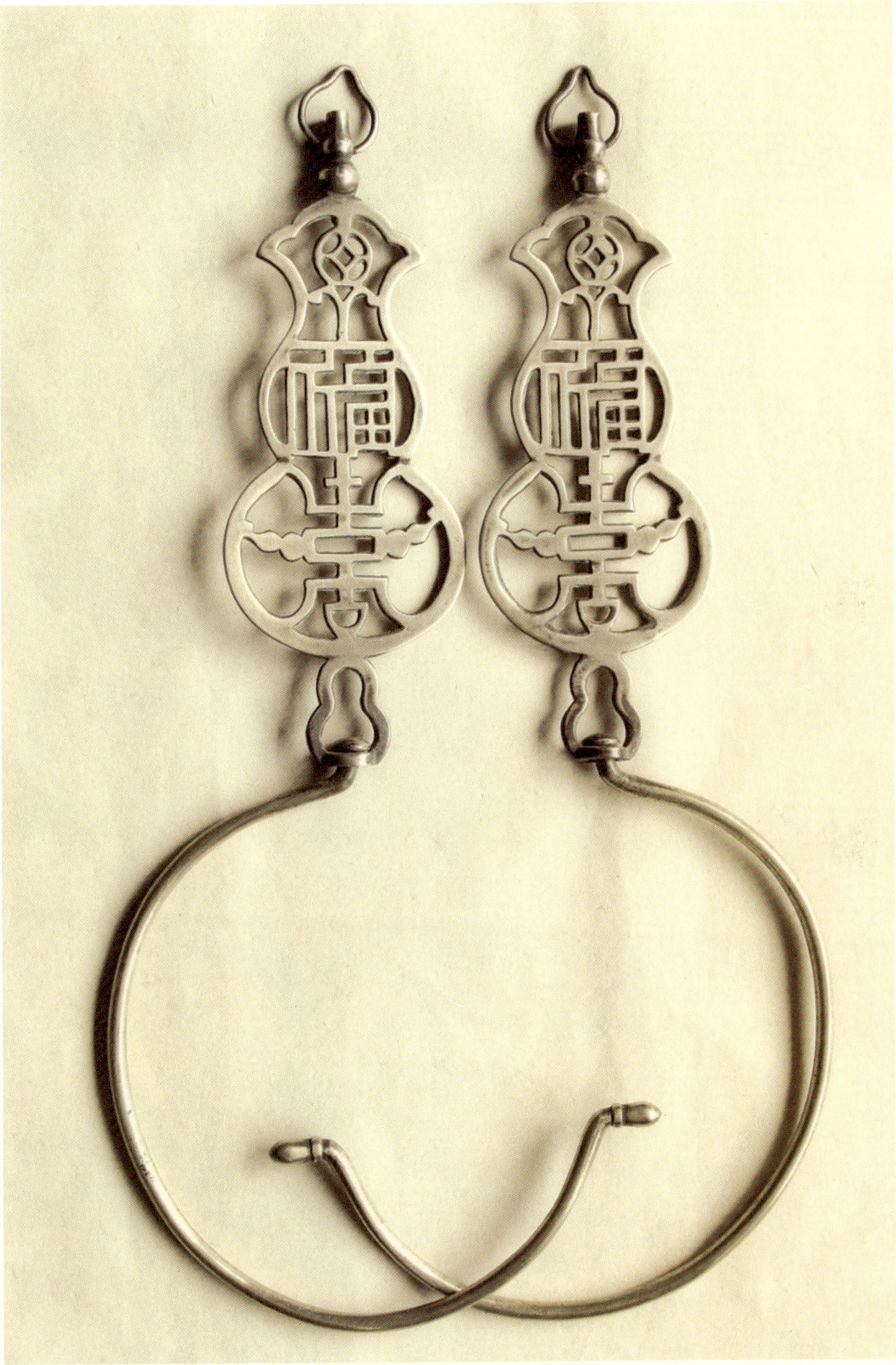

280㎜×130㎜

230mm×110mm

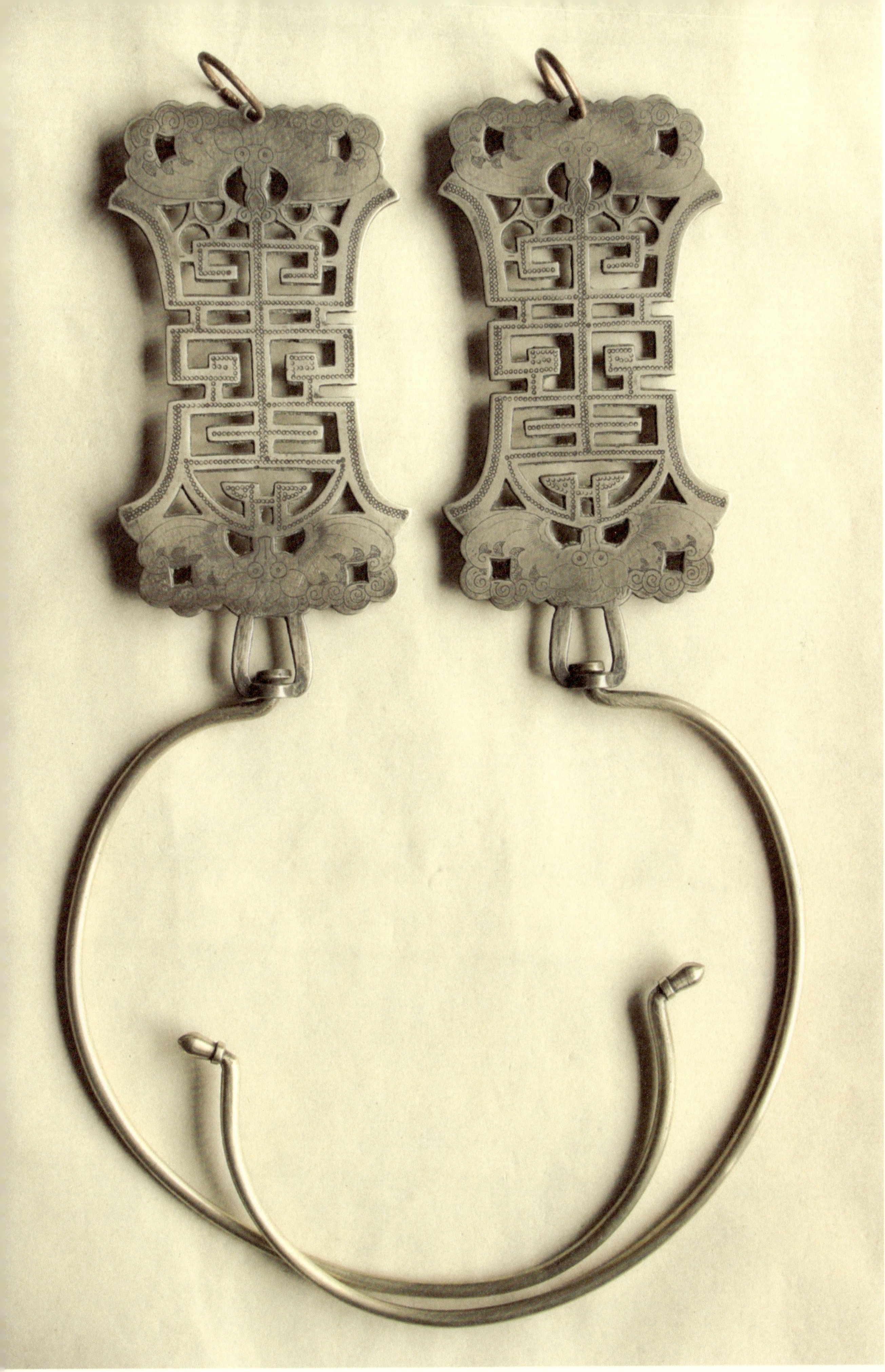

340mm×160mm

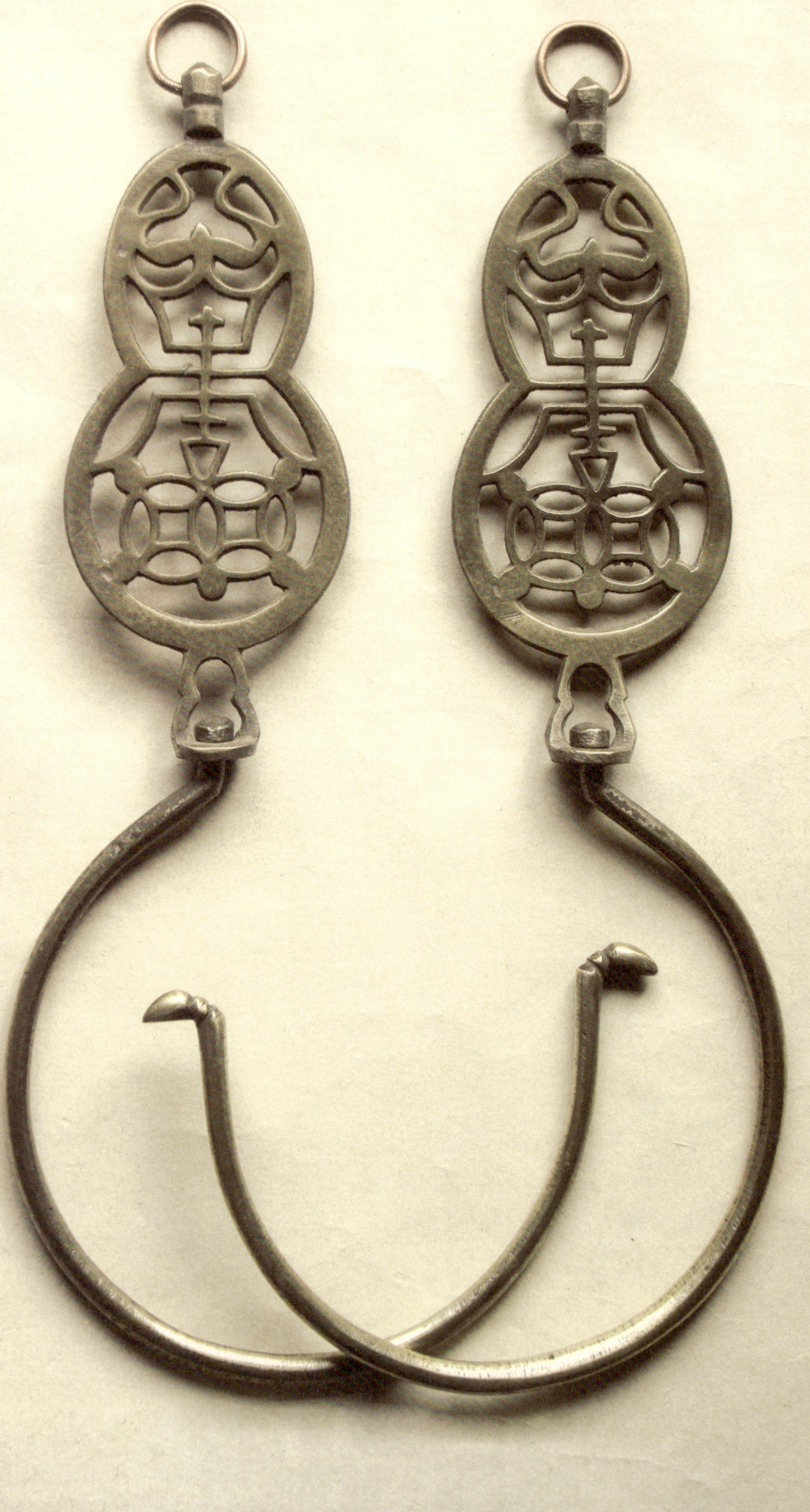

240mm×120mm

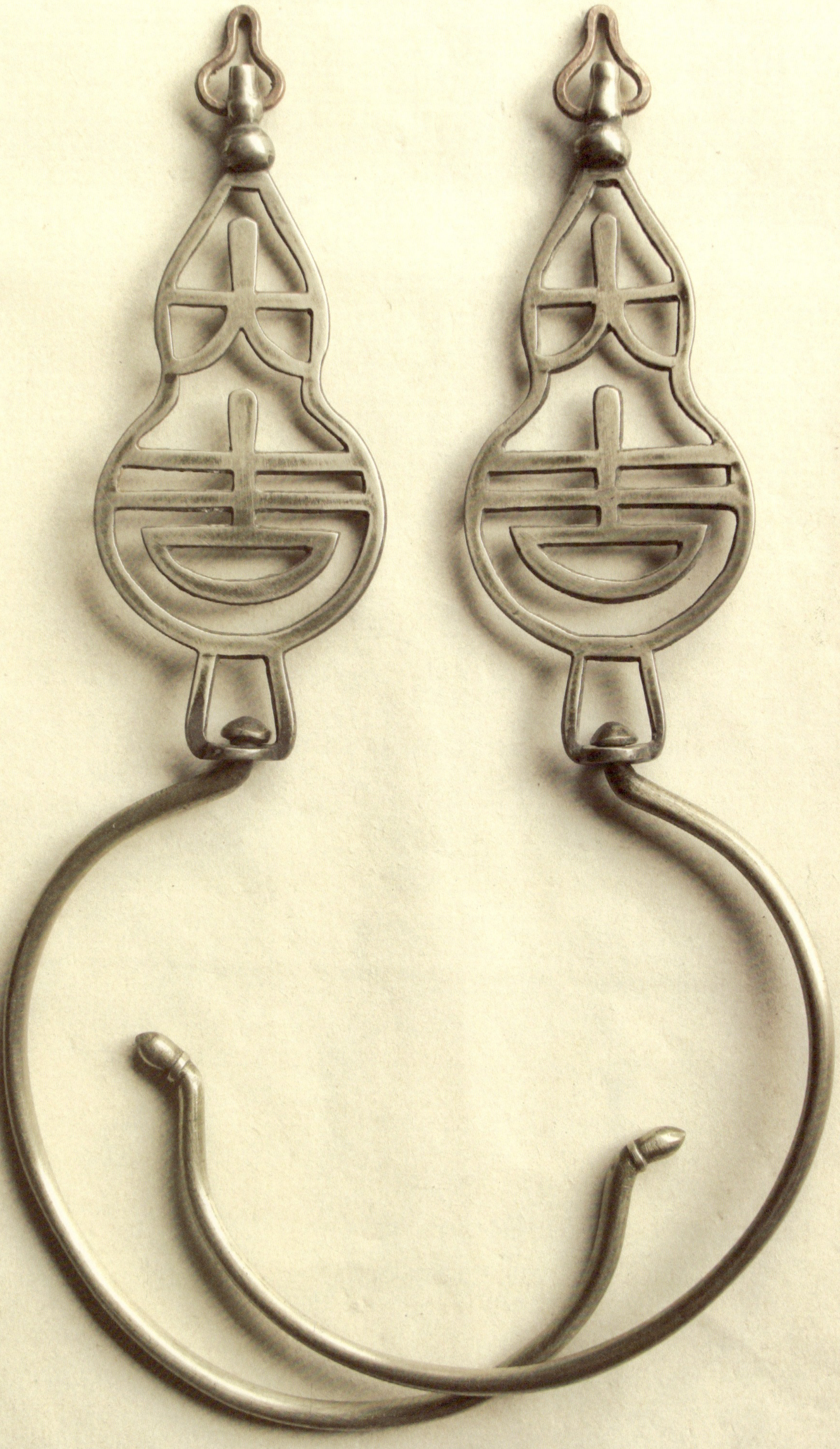

230mm×120mm

330mm×160mm

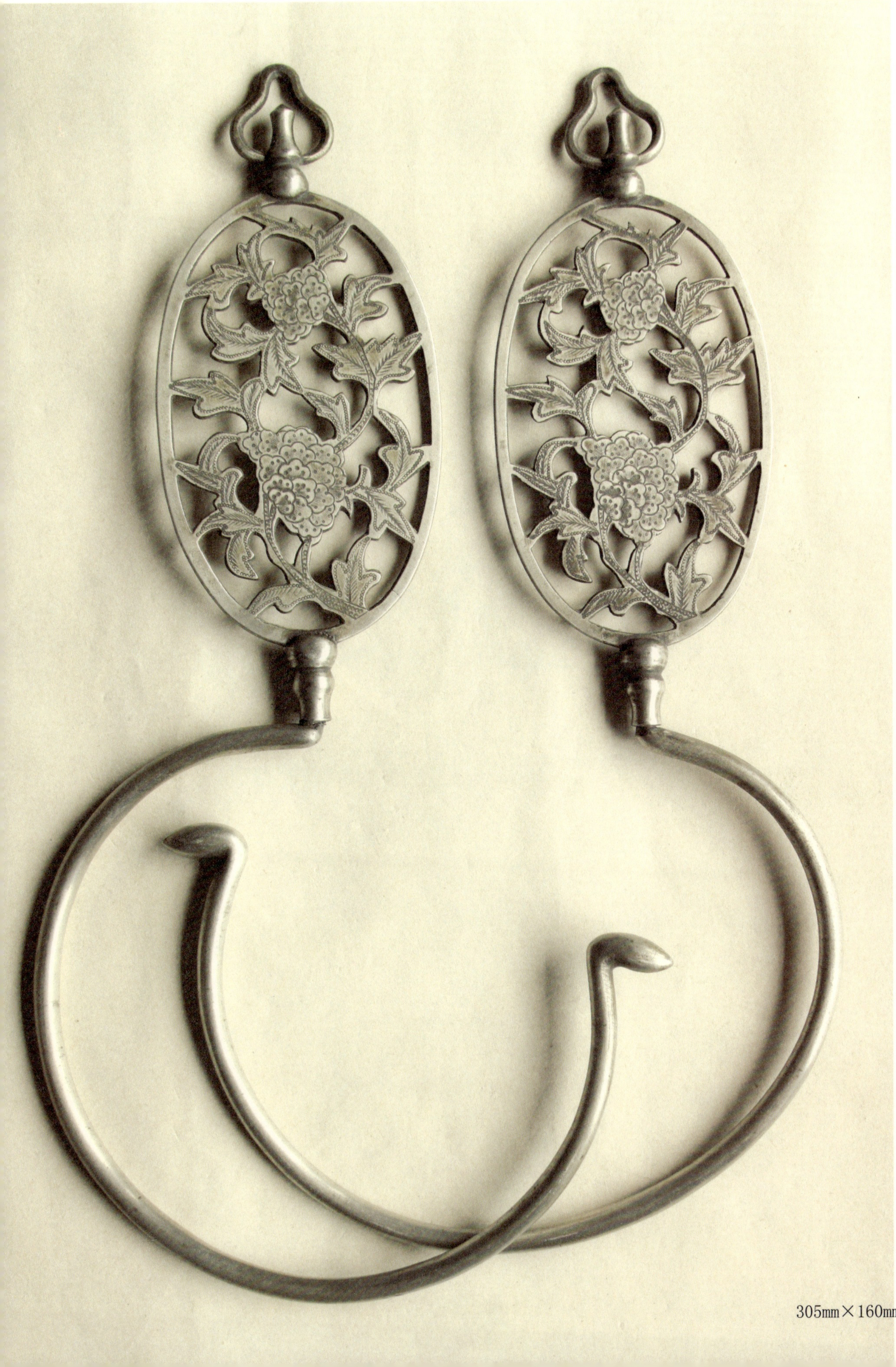

305mm×160mm

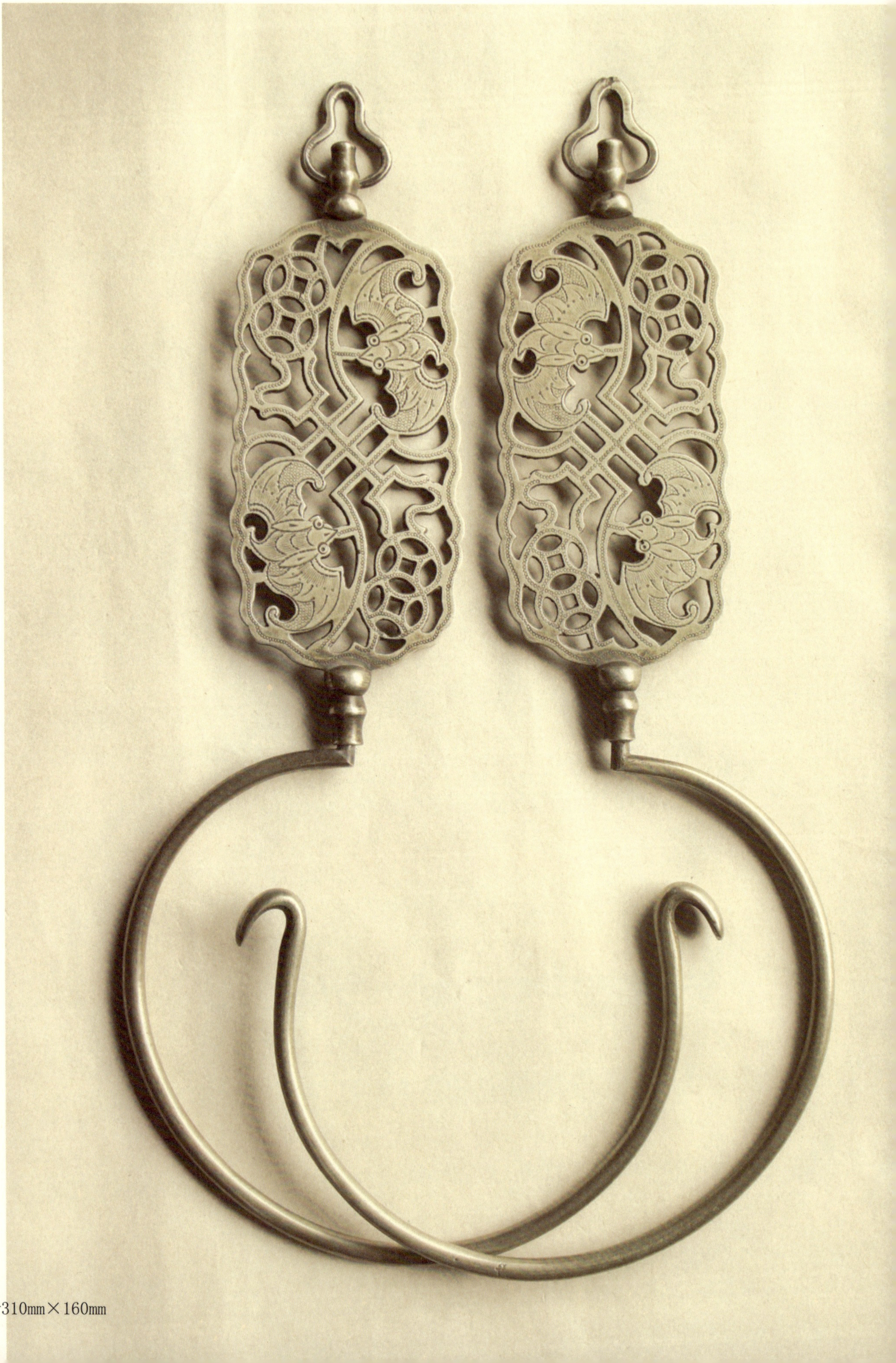

310mm×160mm

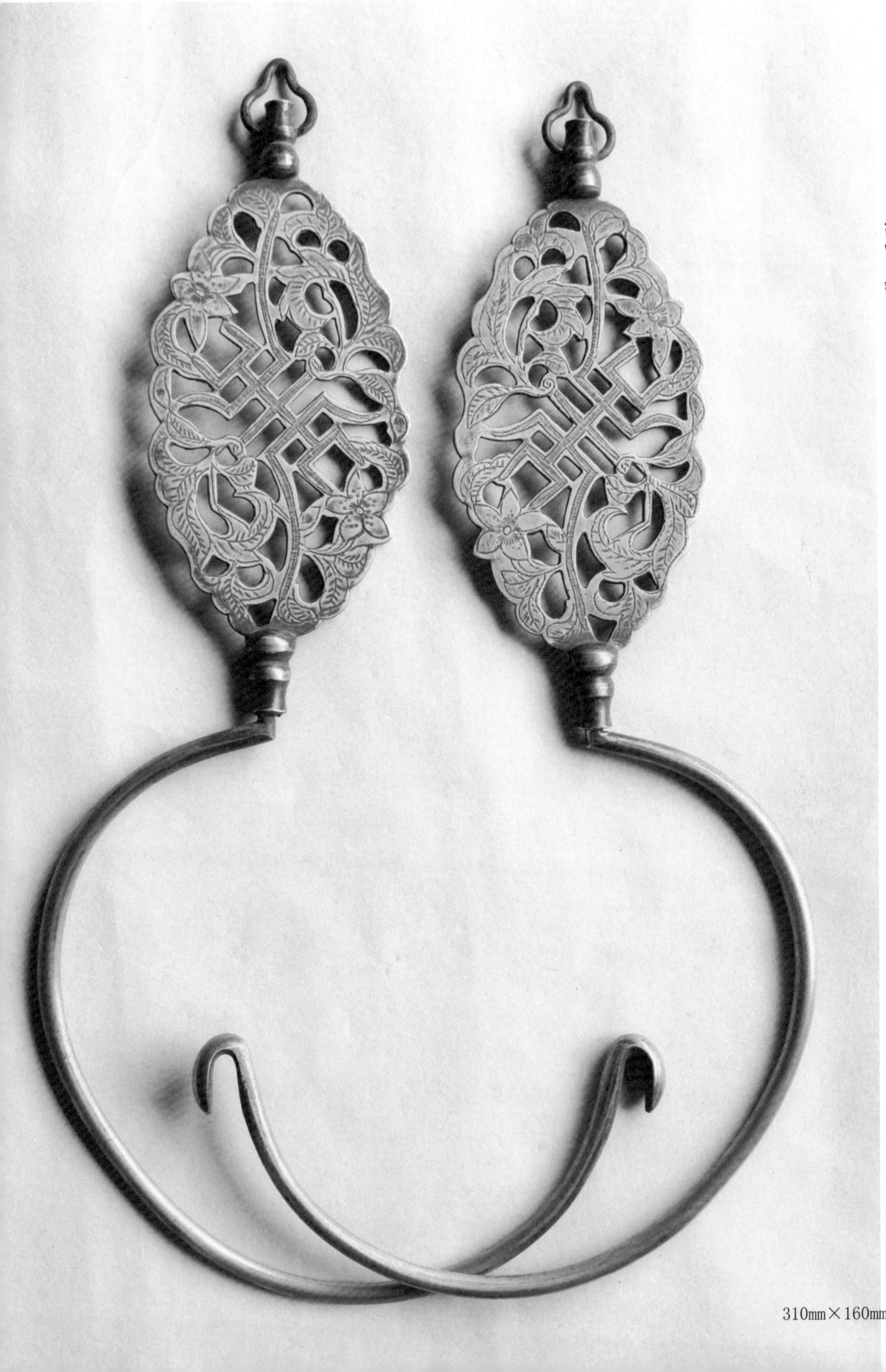

310mm×160mm

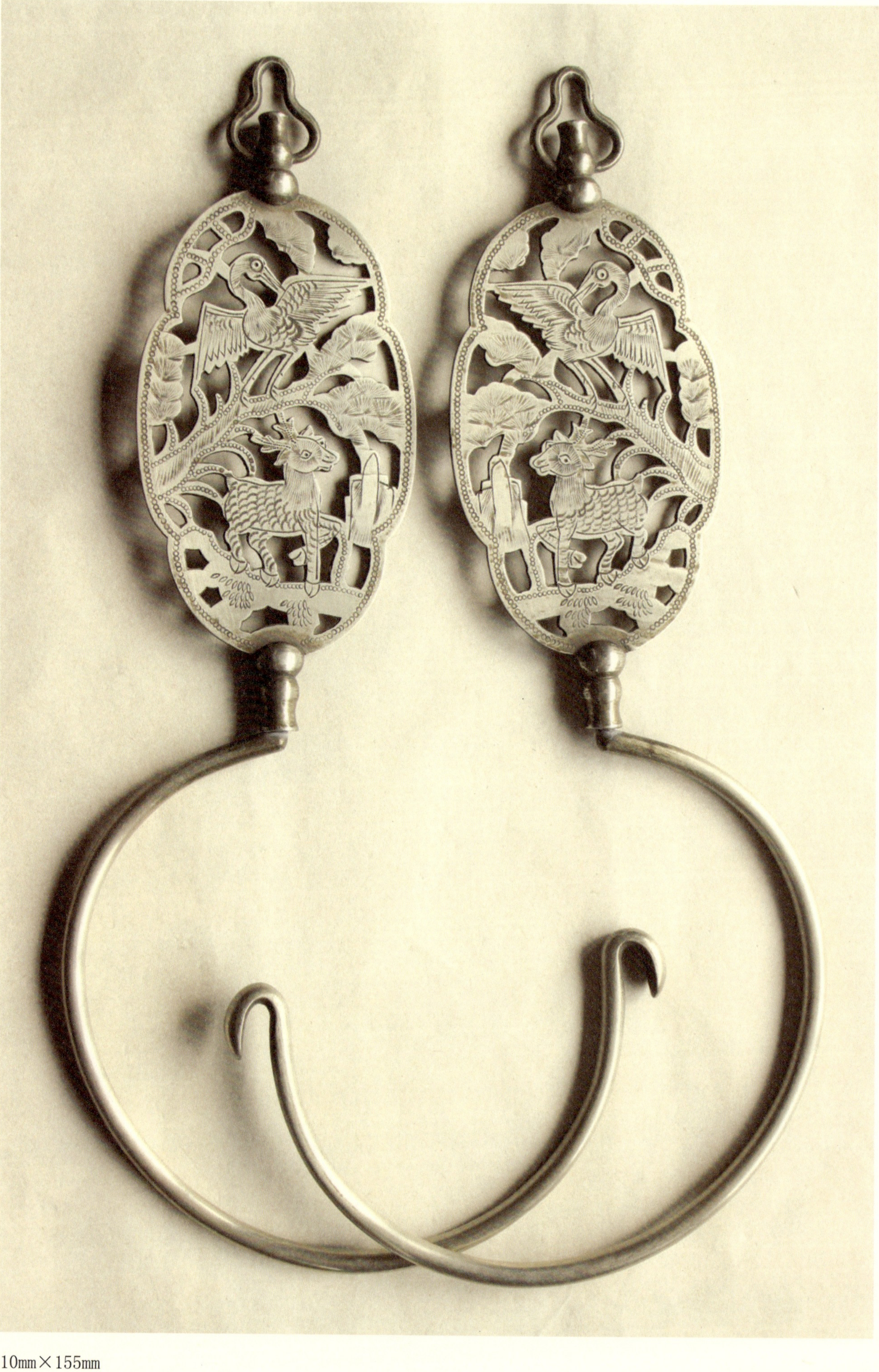

310mm×155mm

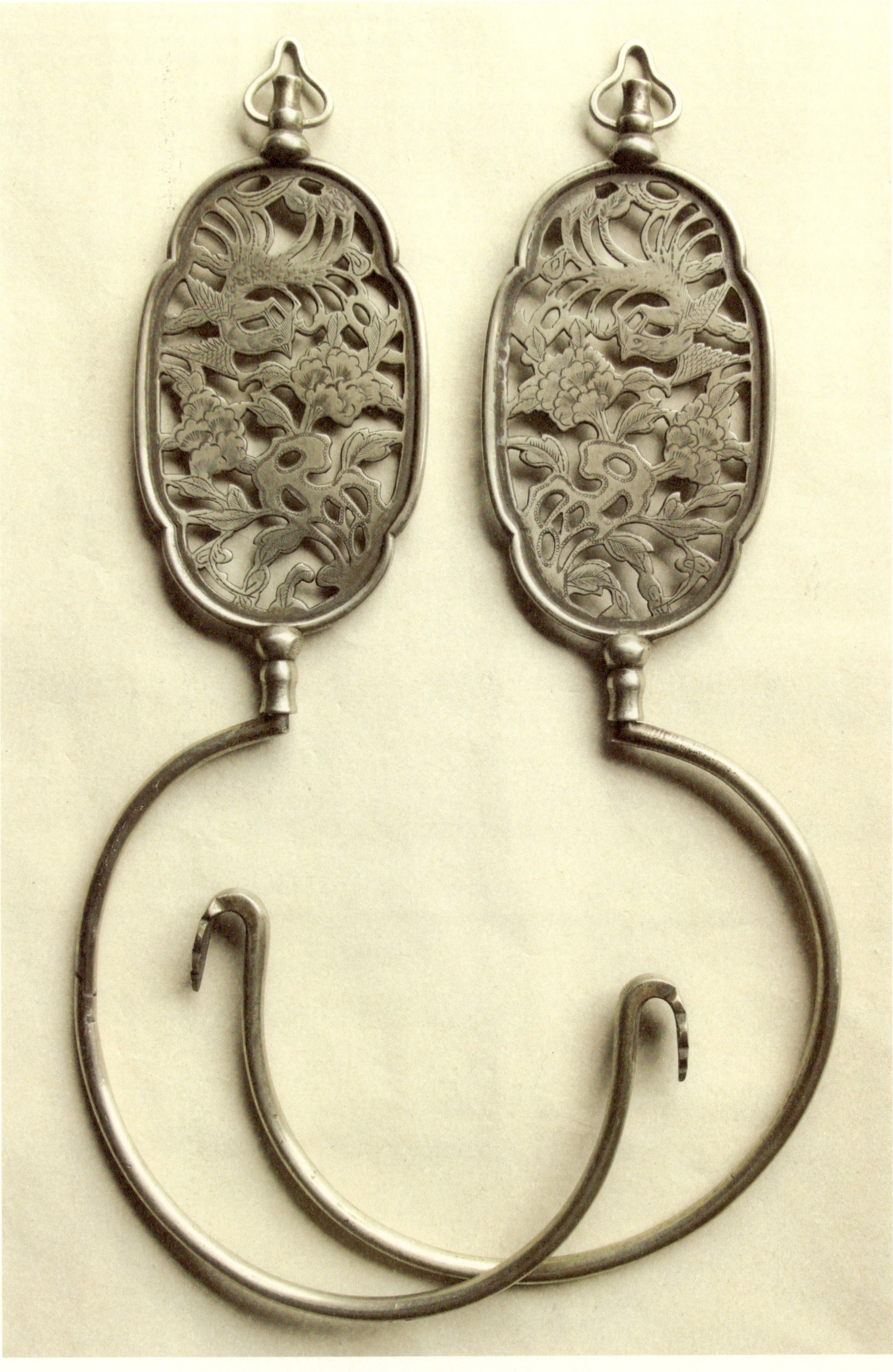

315mm×160mm

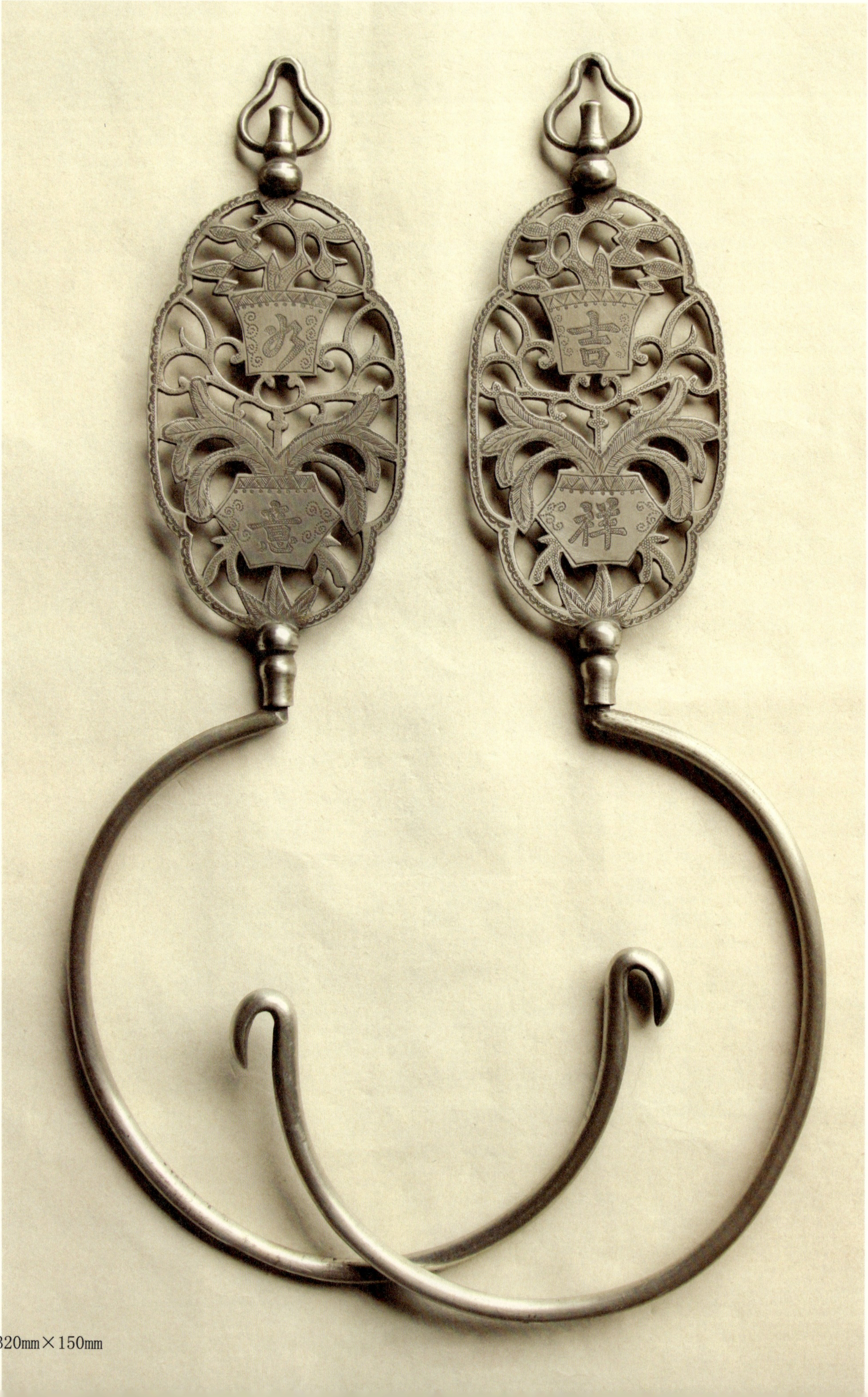

320mm×150mm

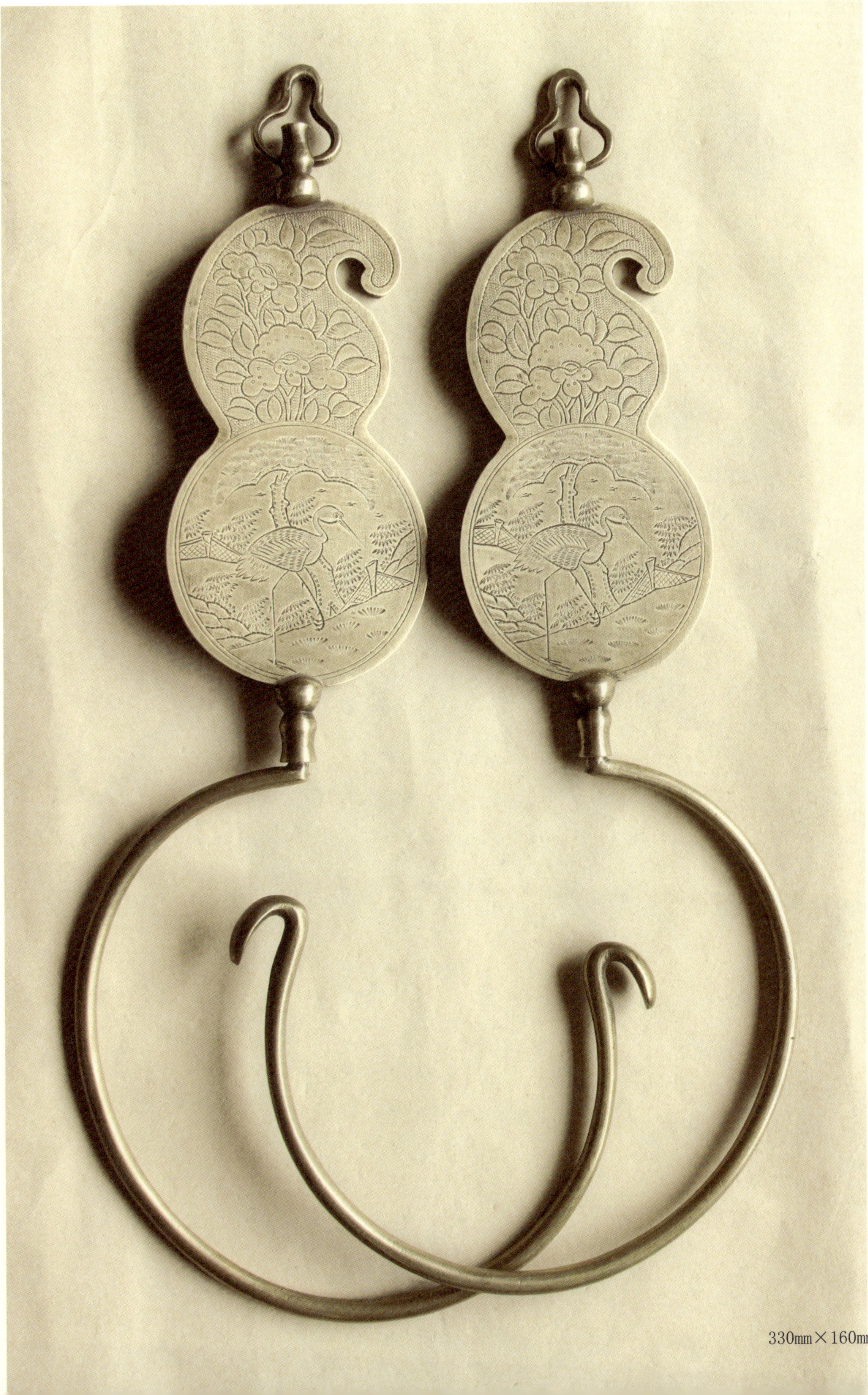

330mm×160mm

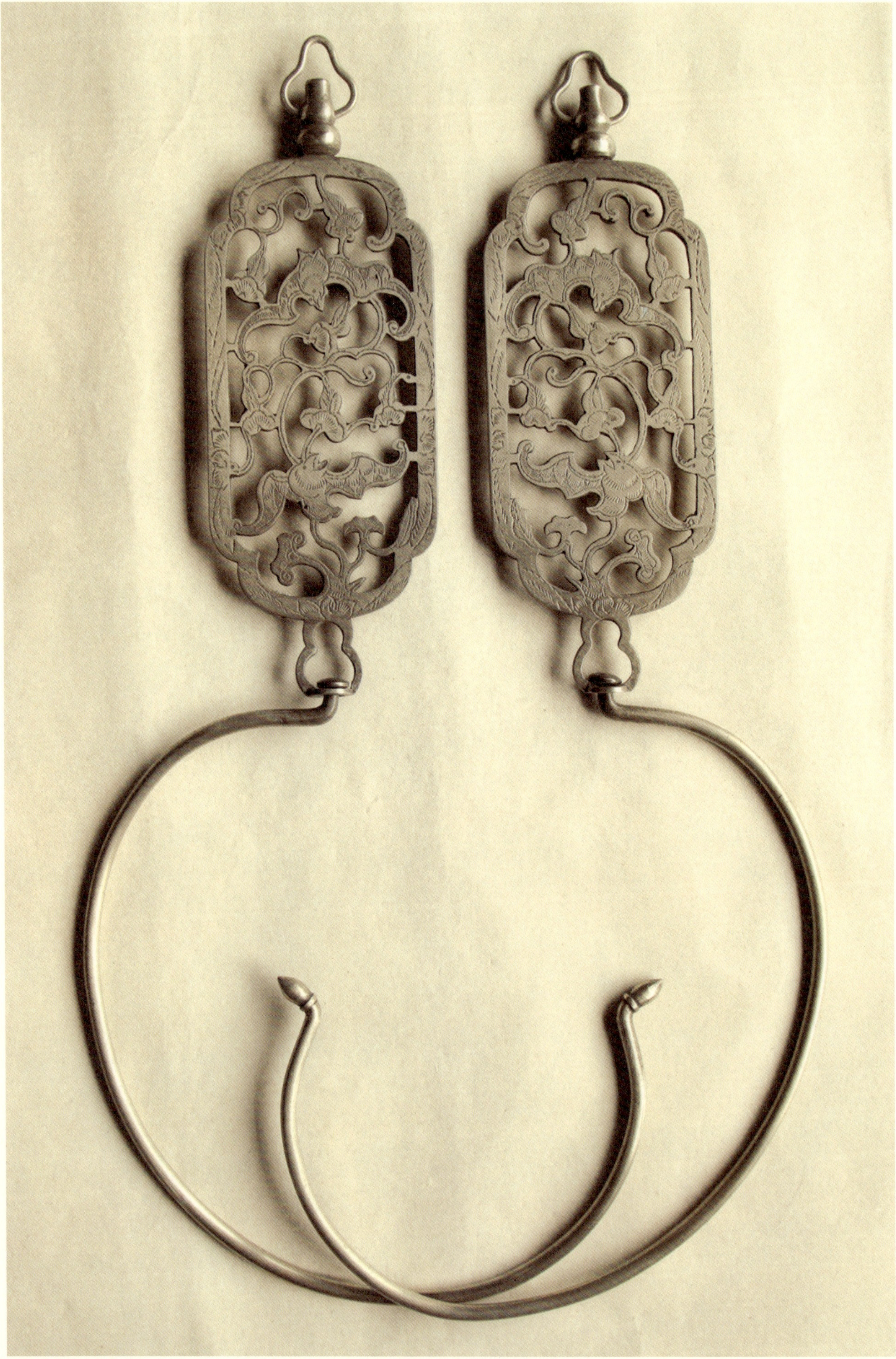

330mm×190mm

刘海戏金蟾

刘海与八仙一样，是中国民间传说中的神仙，道号『海蟾子』，一般称刘海蟾。有八仙说，有财神说，但他无疑是个求财祈福之仙。金蟾传说口能吐金钱，是旺财之物。刘海收服金蟾成仙，让它帮助自己造福人世。

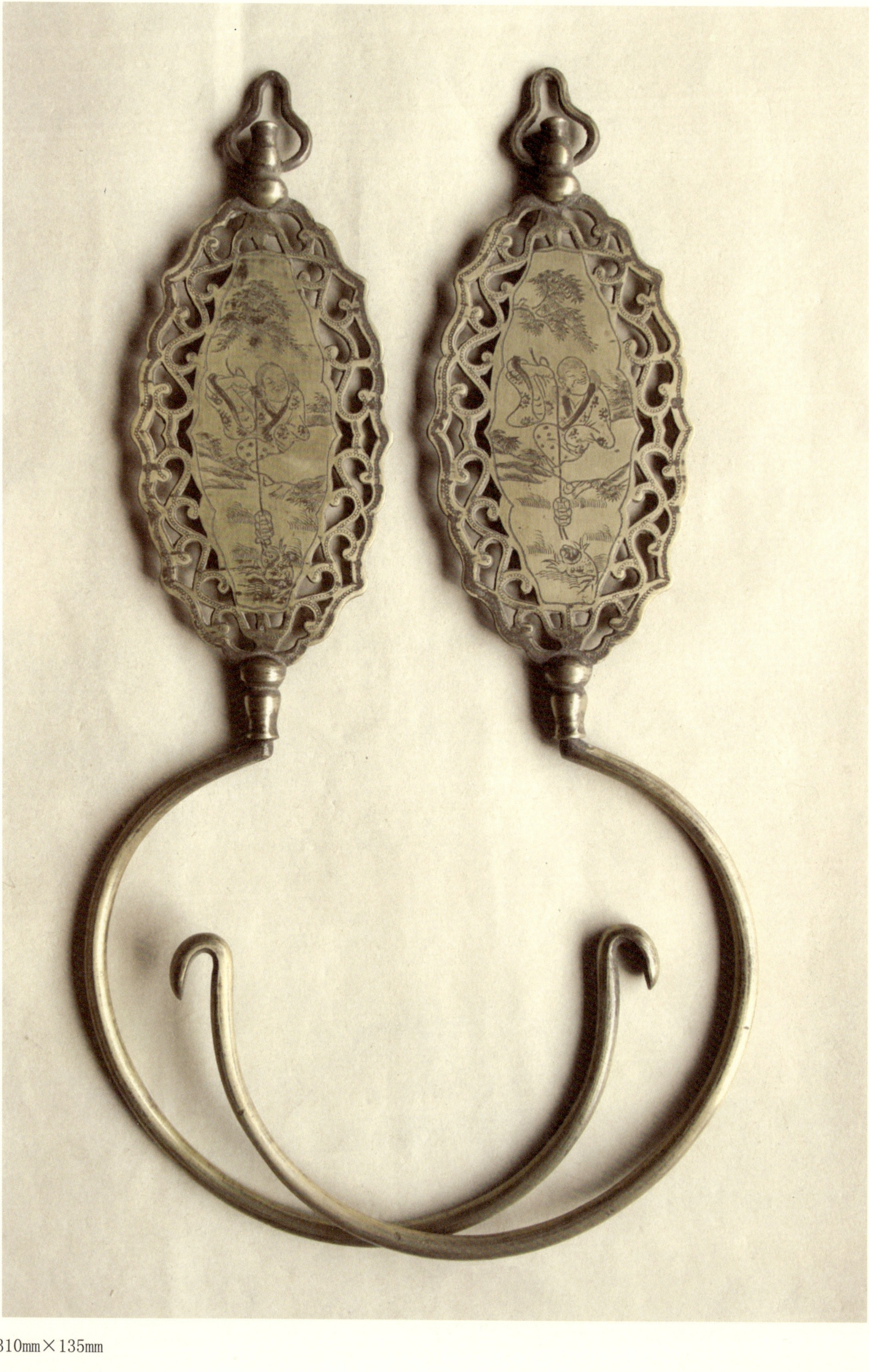

310mm×135mm

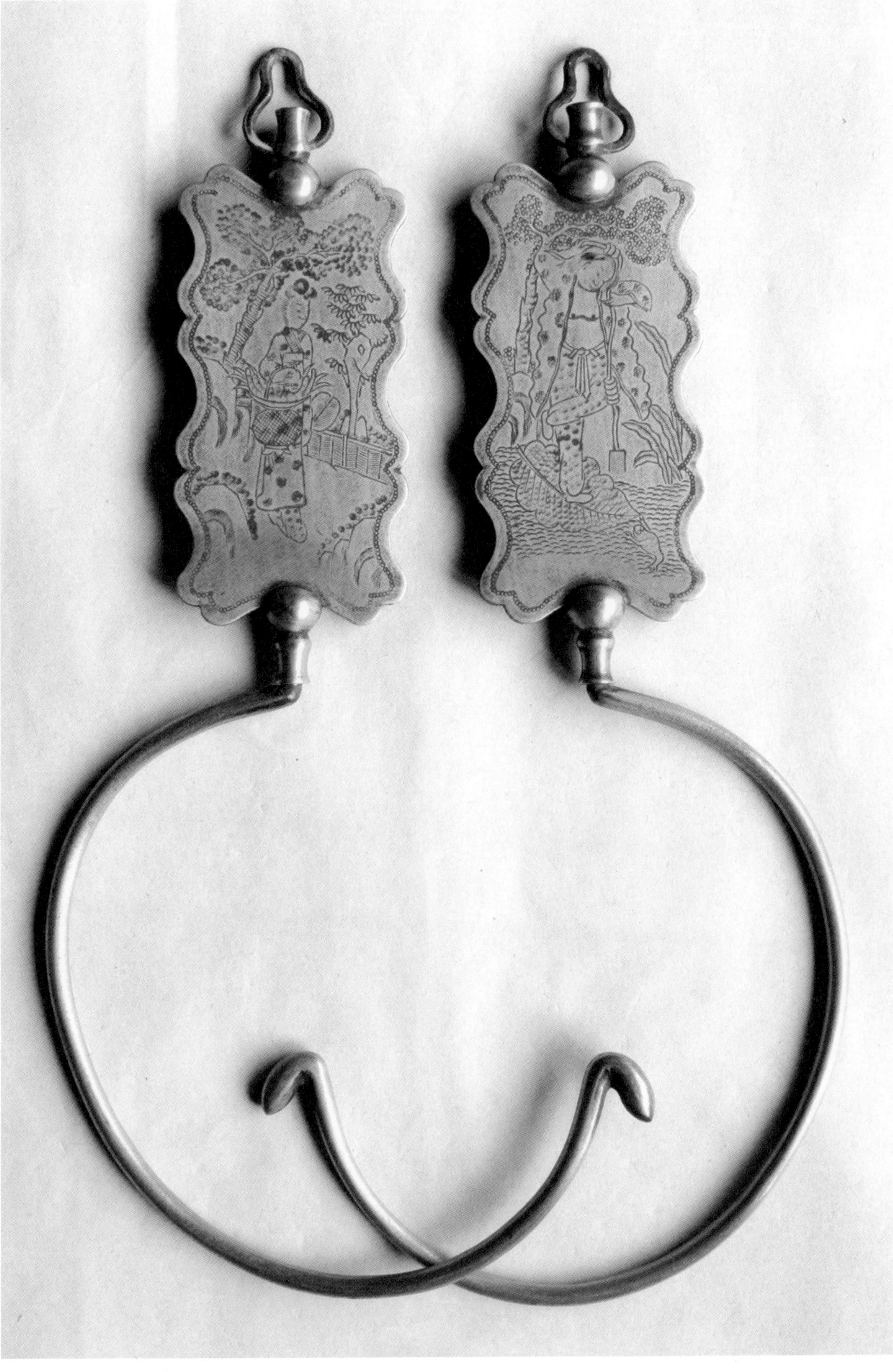

320mm×160mm

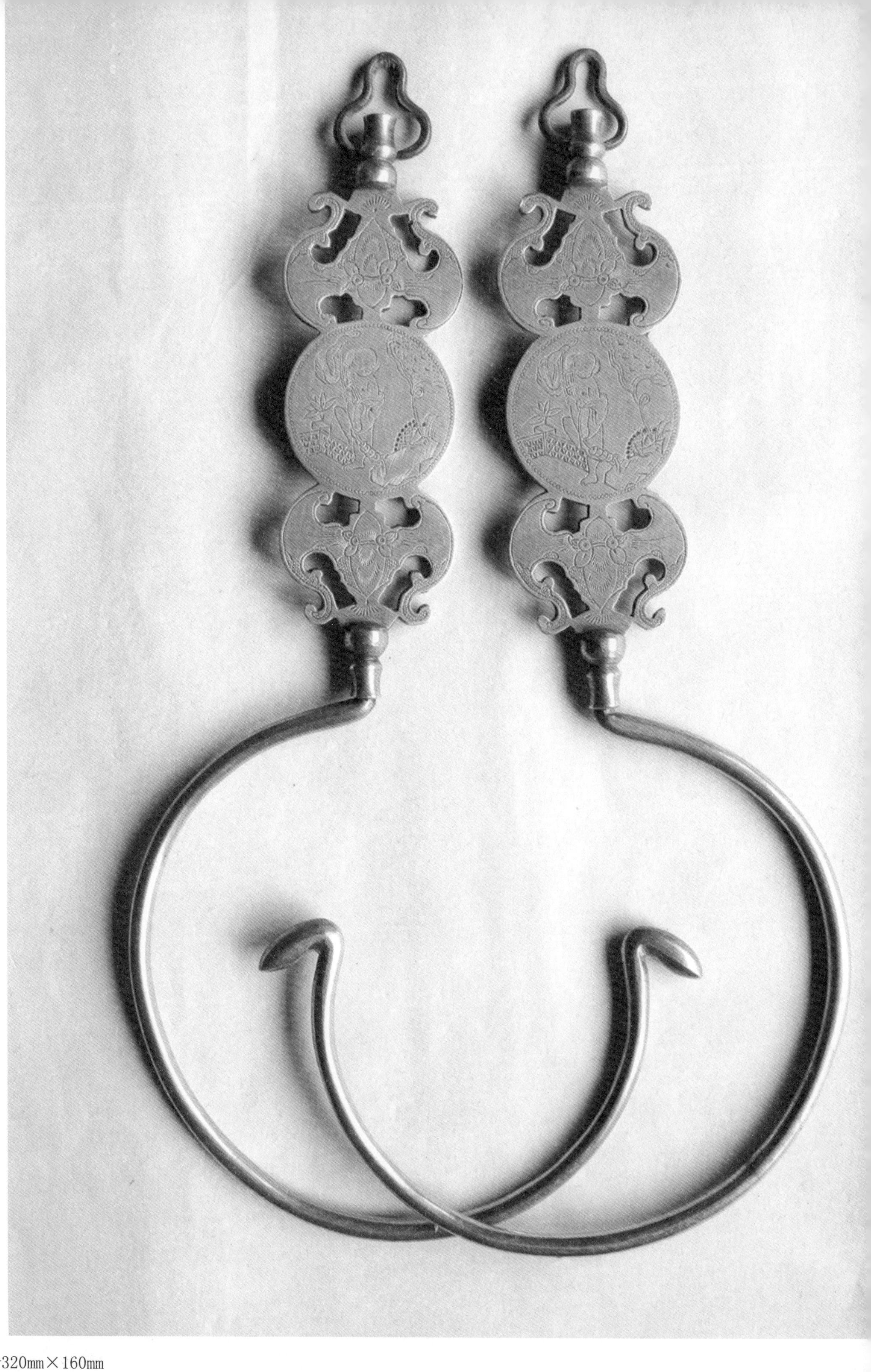

320mm×160mm

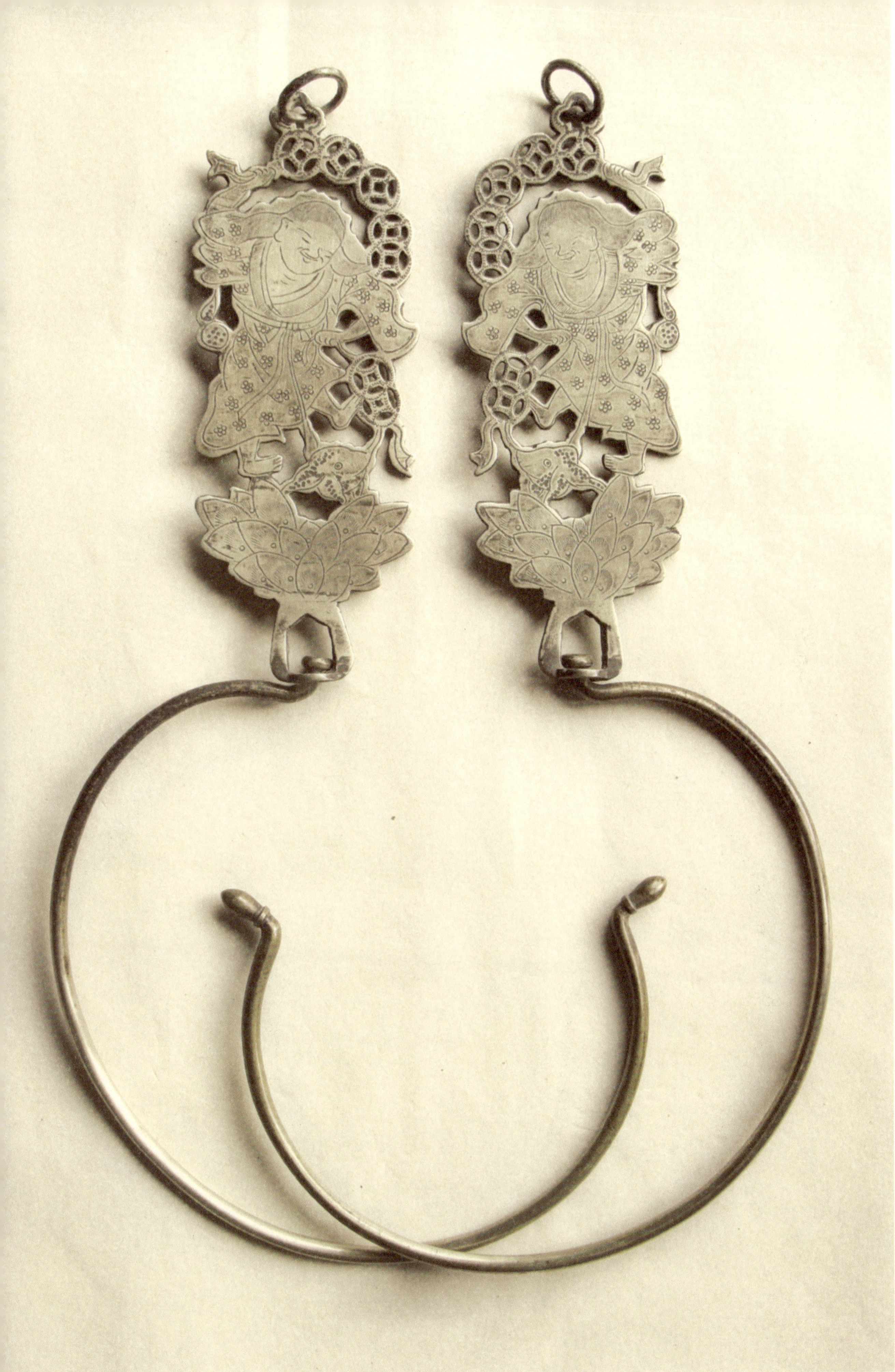

320mm×165mm

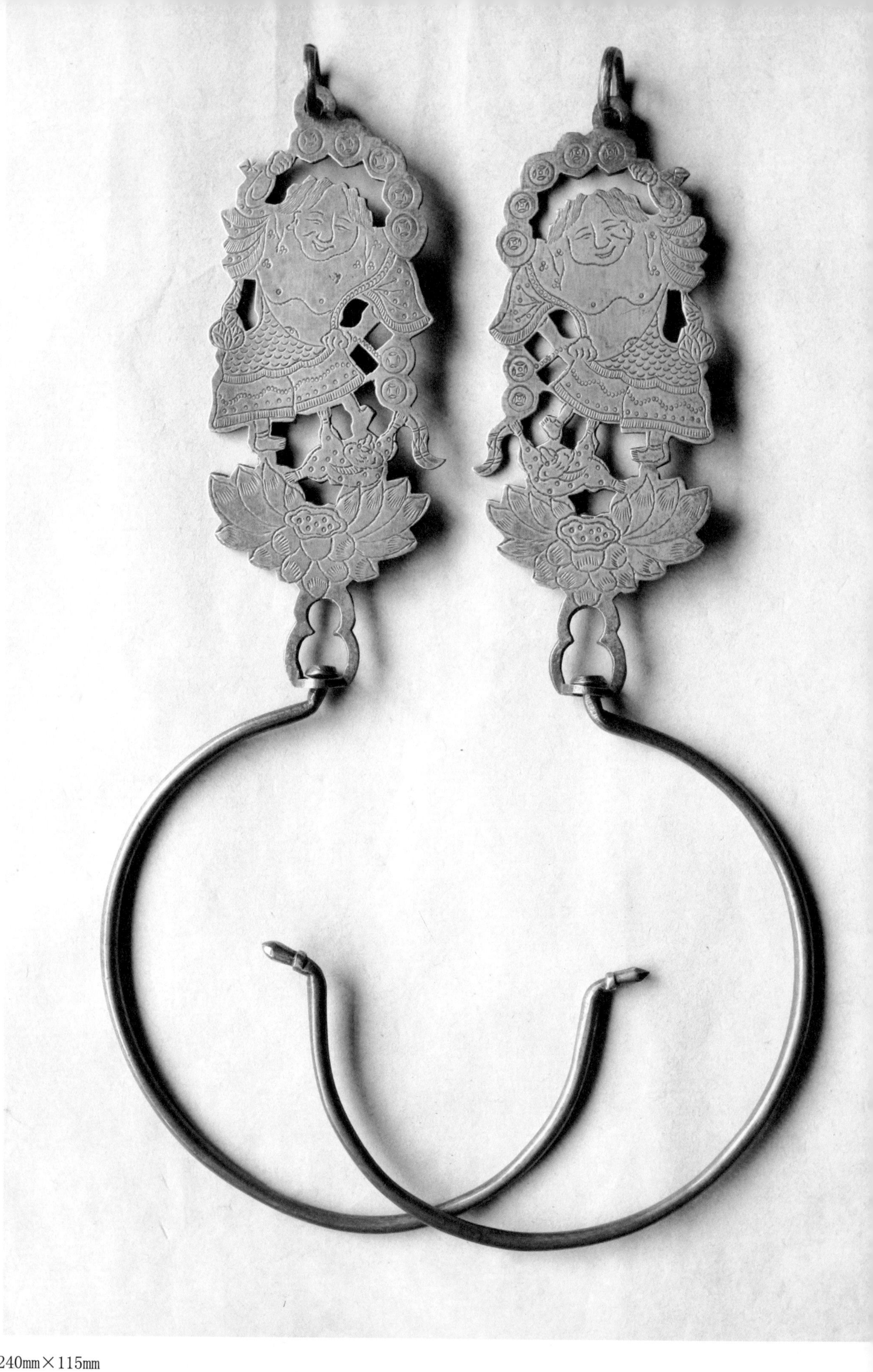

240mm×115mm

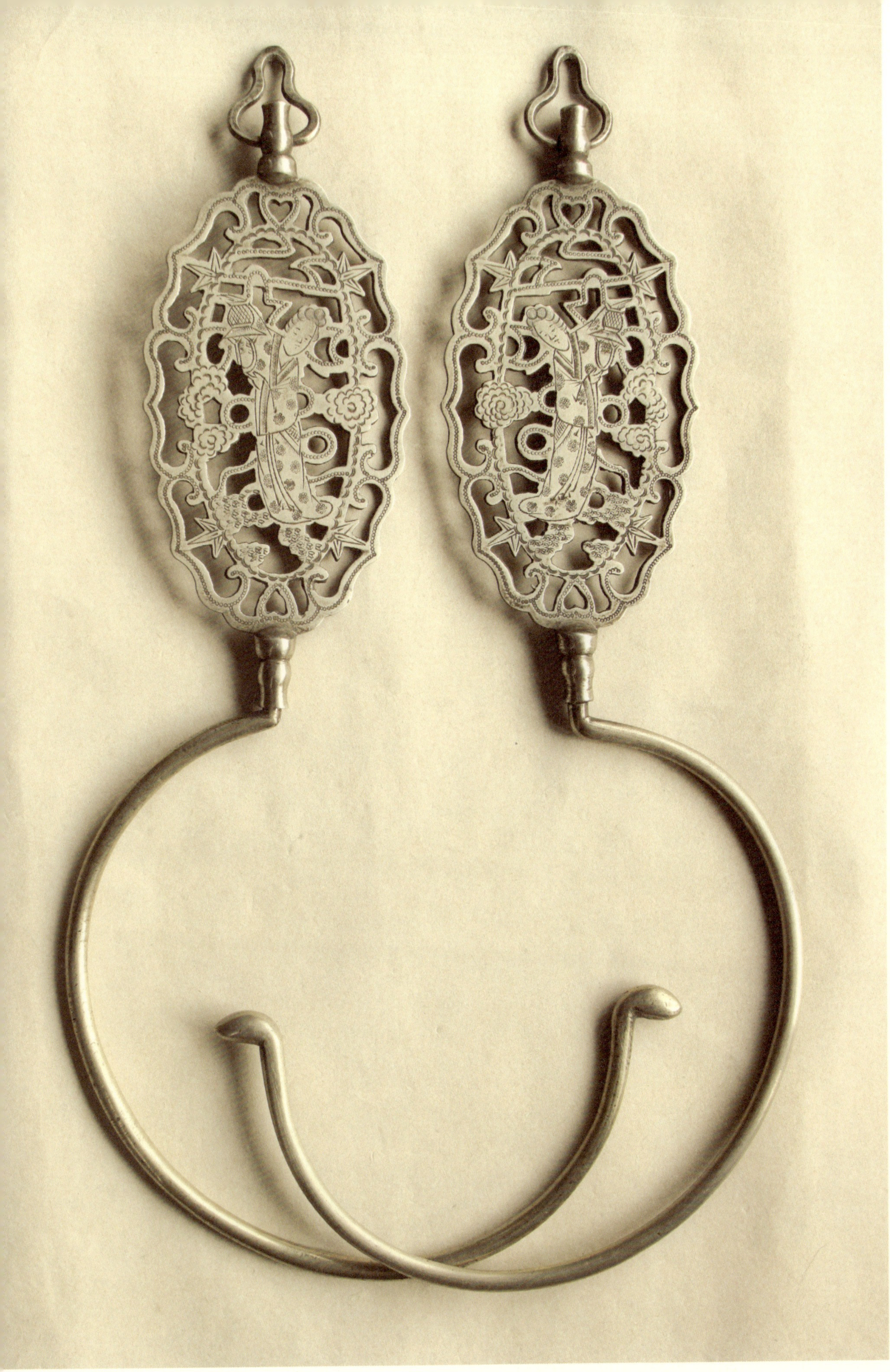

310mm×150mm

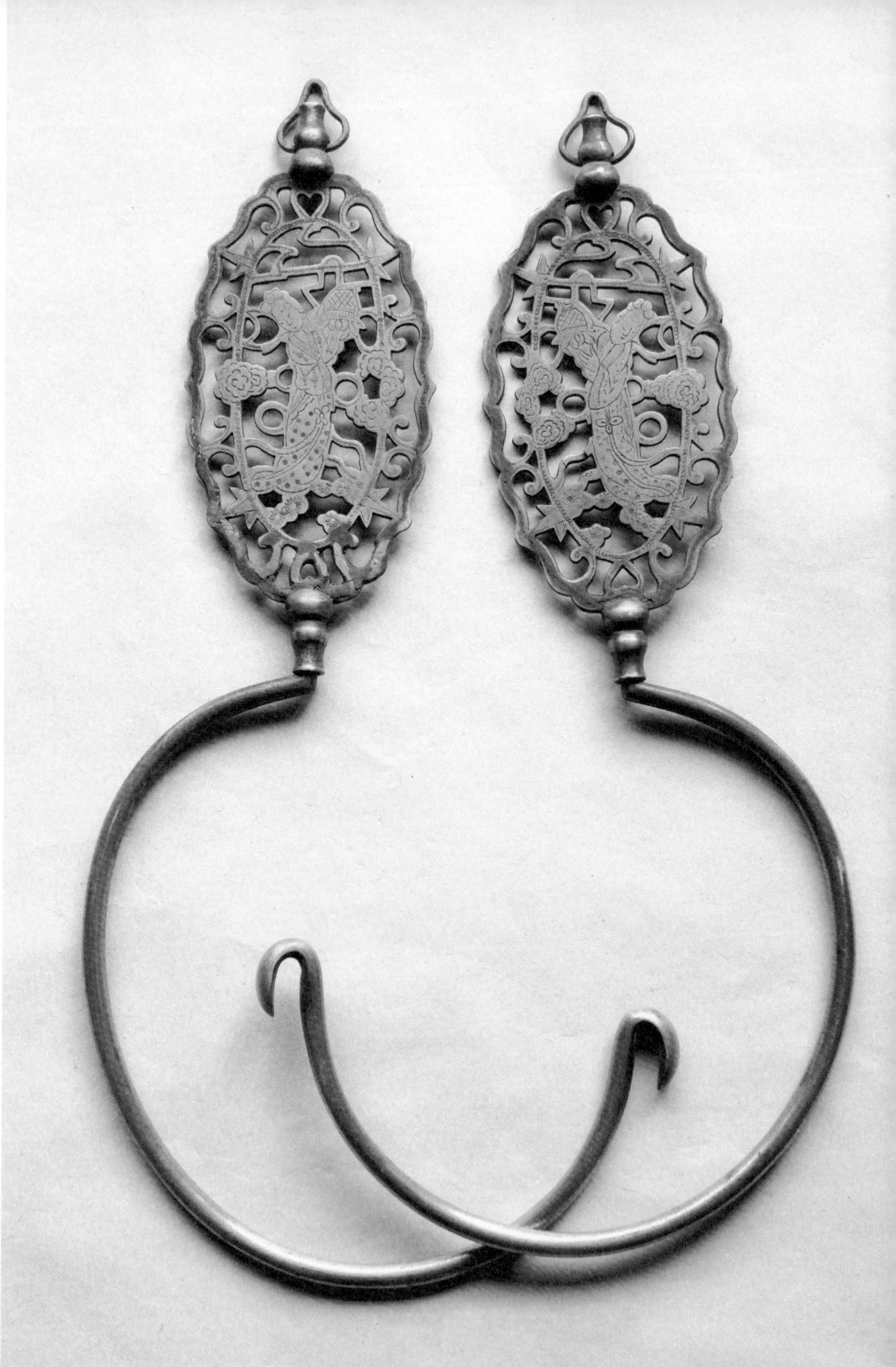

330mm×160mm

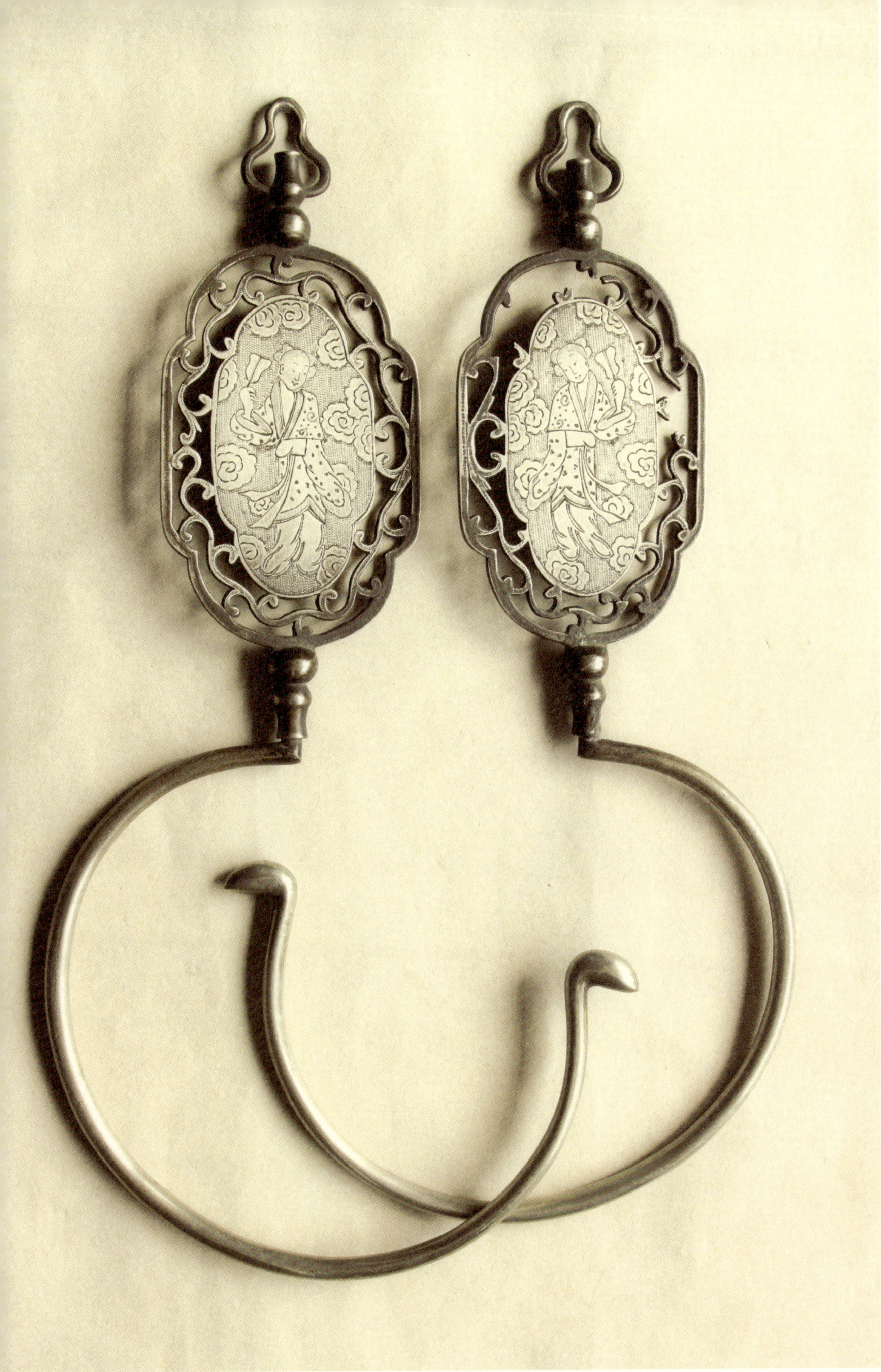

310㎜×160㎜

天女散花

『天女散花』源自佛教。后民间逐渐以此寓意爱意天下、春满人间、吉庆常在、幸福相伴。

杂宝

杂宝，通常指瓷器上的纹样，和佛教、道教都有关，是古代一些常用的吉祥物品，如珠、钱、磬、方胜、红叶、法螺、火轮、如意、犀角、锭、灵芝、元宝、珊瑚、鼎、书、画、笔等。后来在民间艺术品上多有运用，包括在帐钩上。

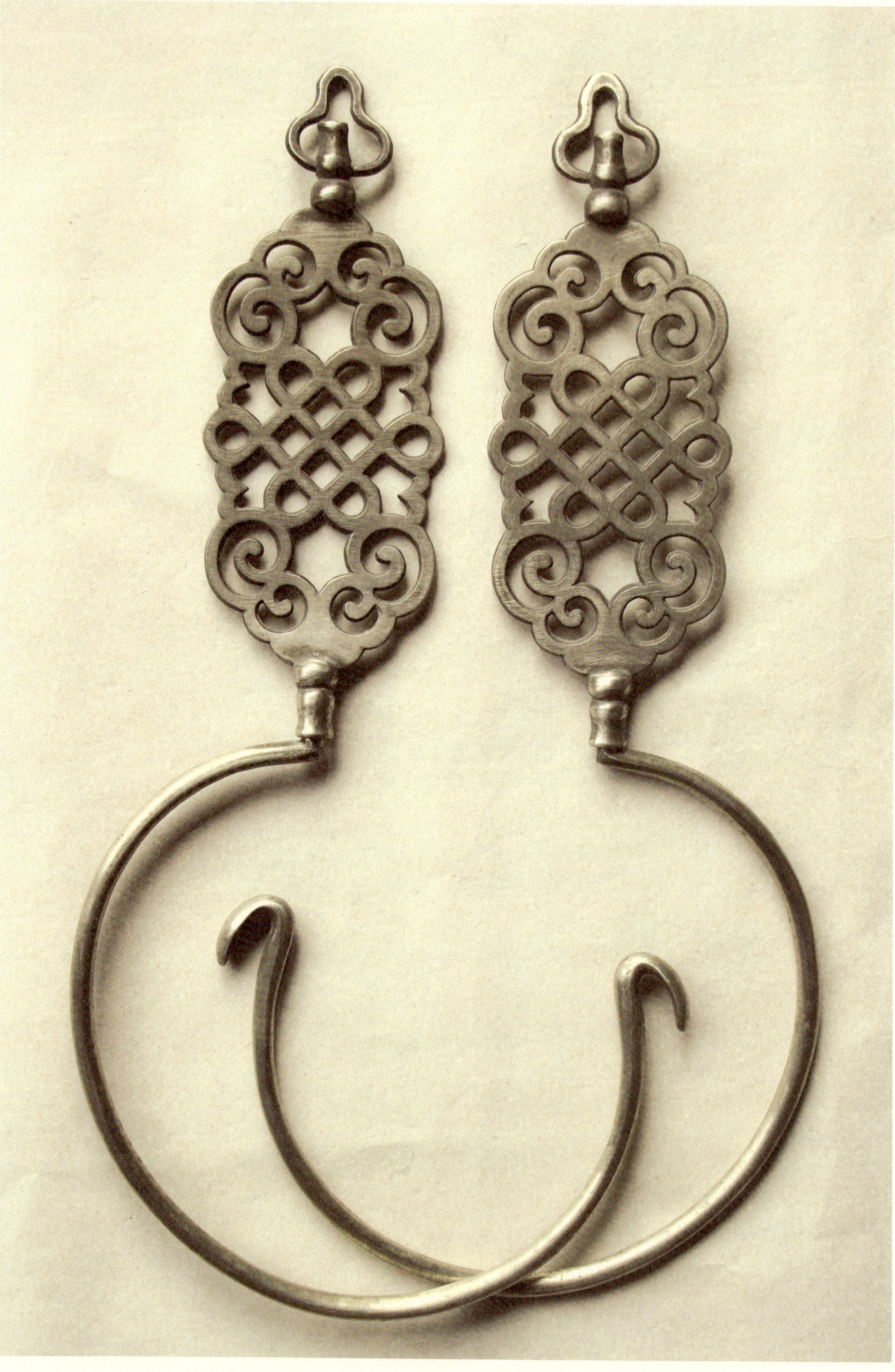

305mm×155mm

305mm×155mm

330mm×160mm

235㎜×115㎜

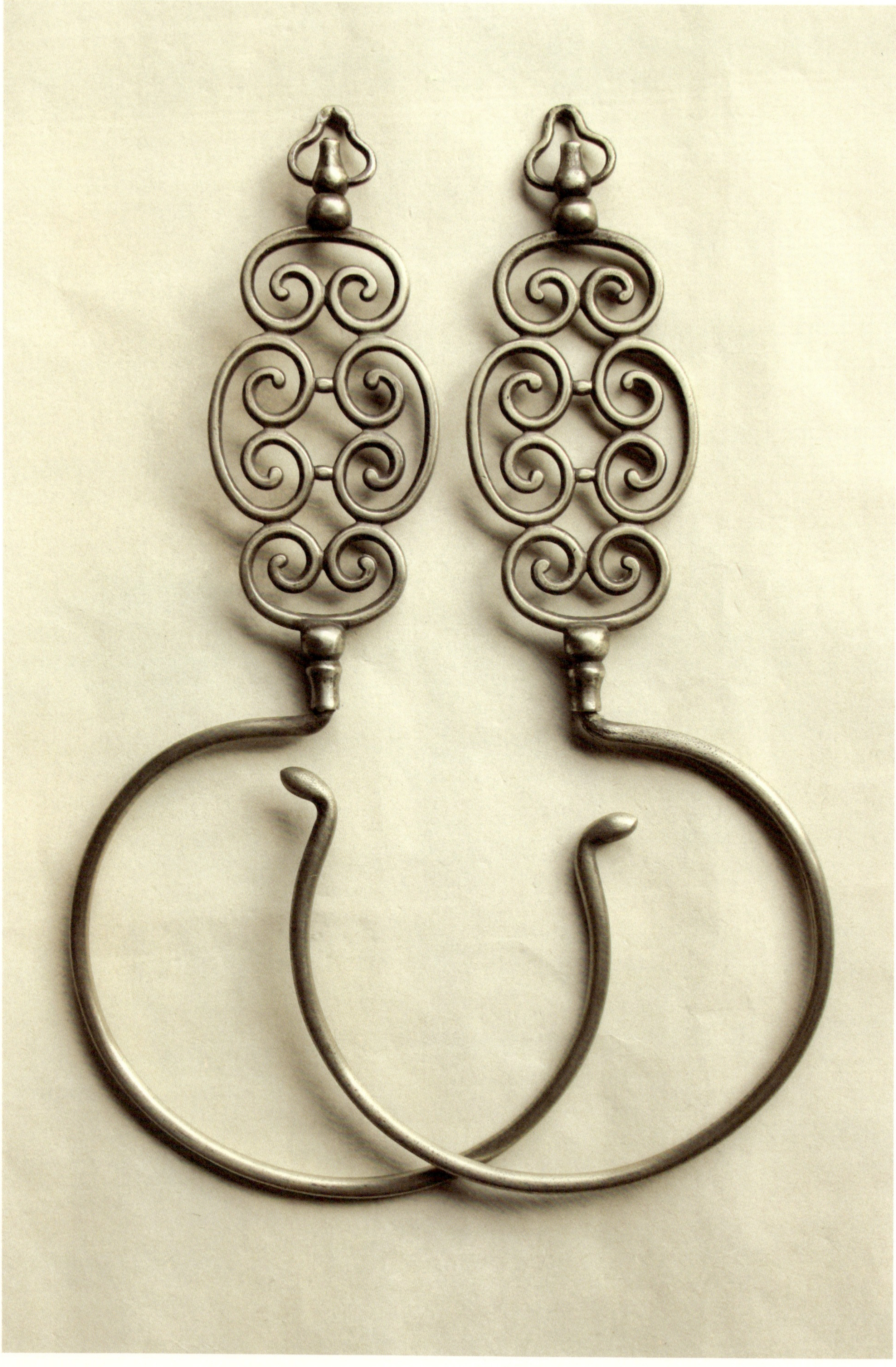

290mm×160mm

245㎜×130㎜

310mm×150mm

330㎜×160㎜

310mm×155mm

300mm×150mm

320mm×150mm

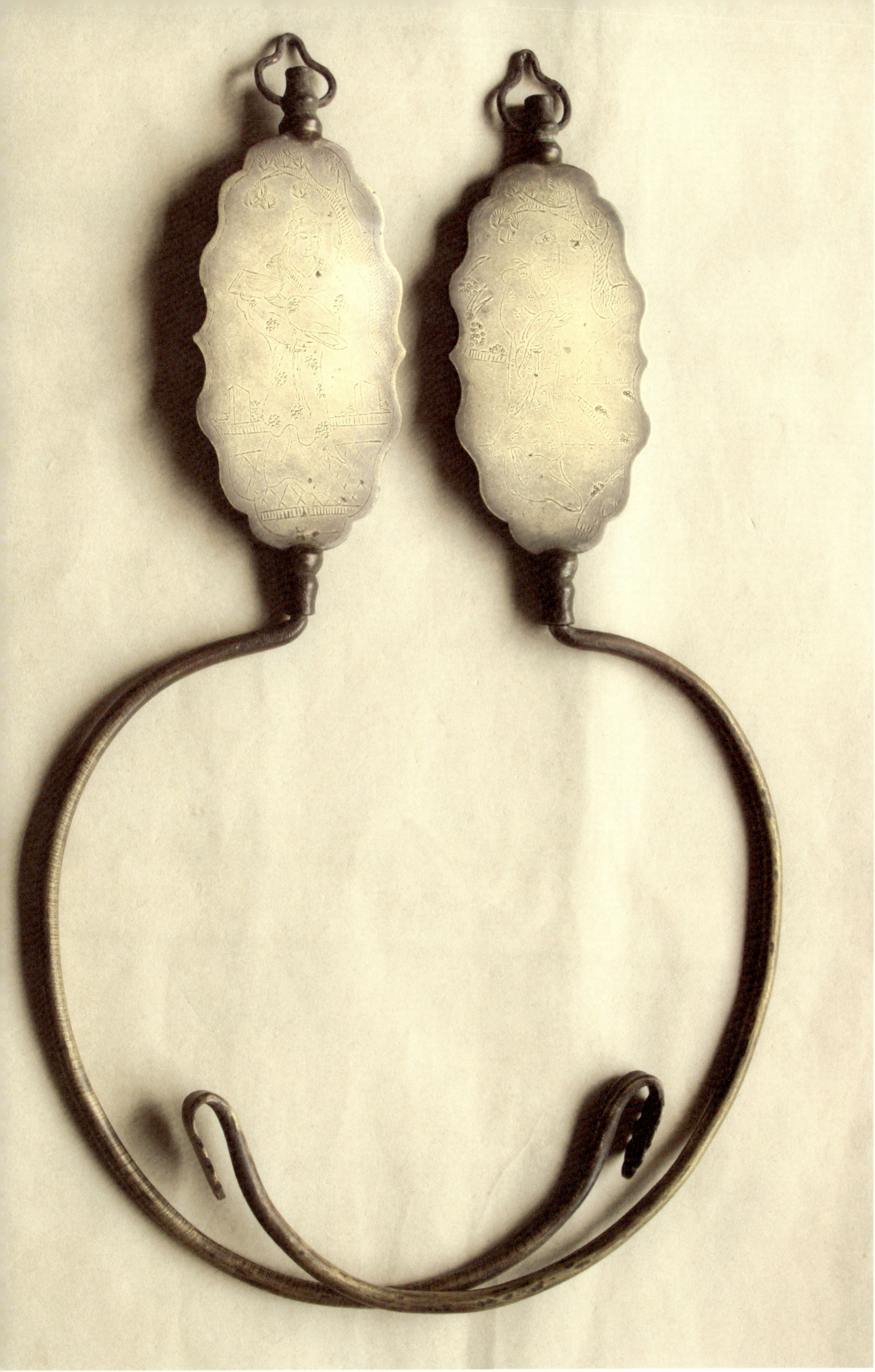

360mm×170mm

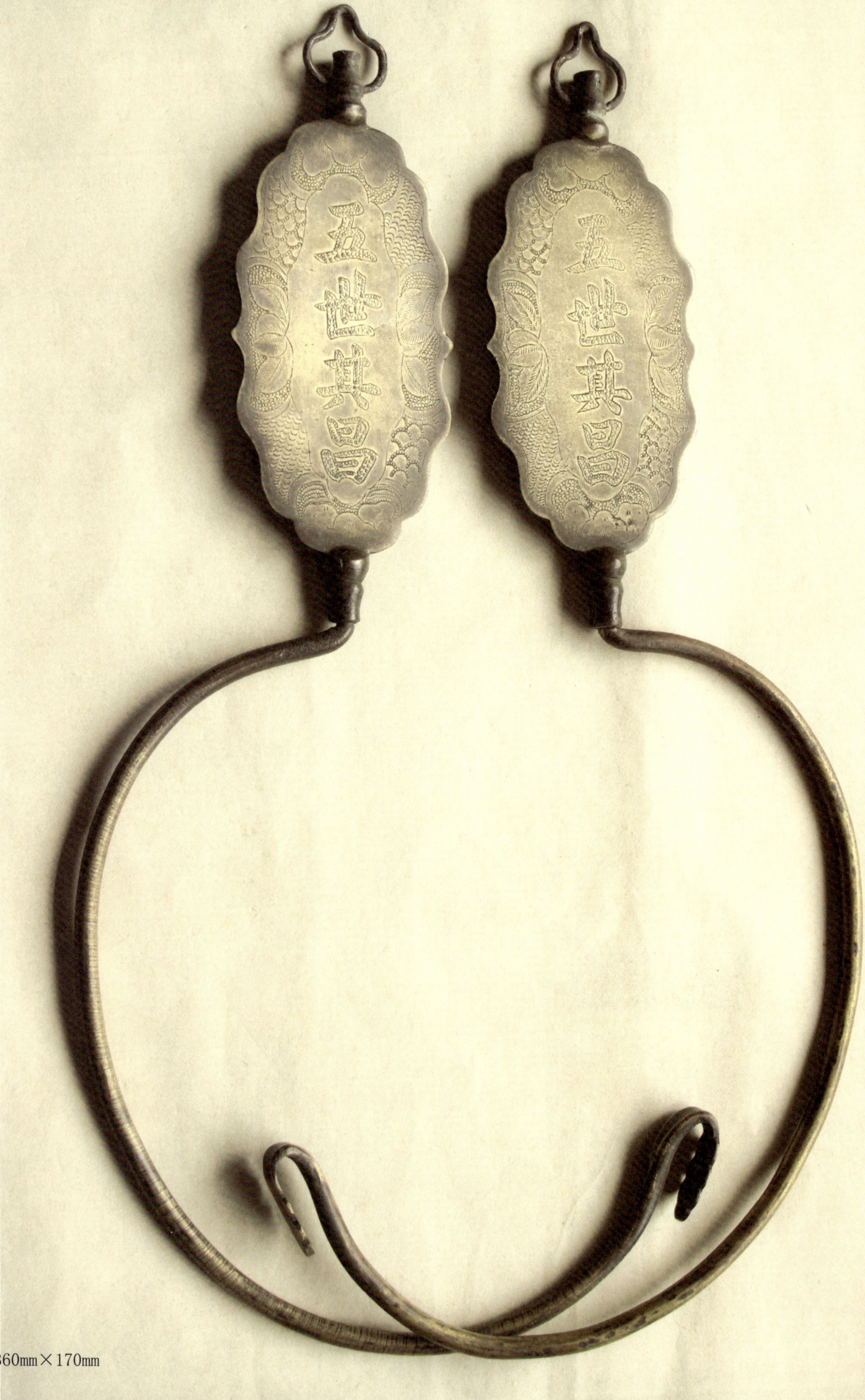

360mm×170mm

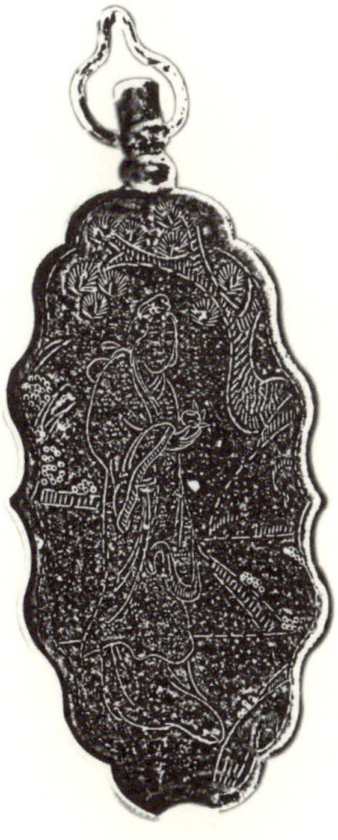

麻姑献寿

麻姑是一位民间喜闻乐见的女仙，是道教诸神中的一员，集美丽、聪明、爱心、勇敢、喜庆、长寿于一体，是吉祥的化身。

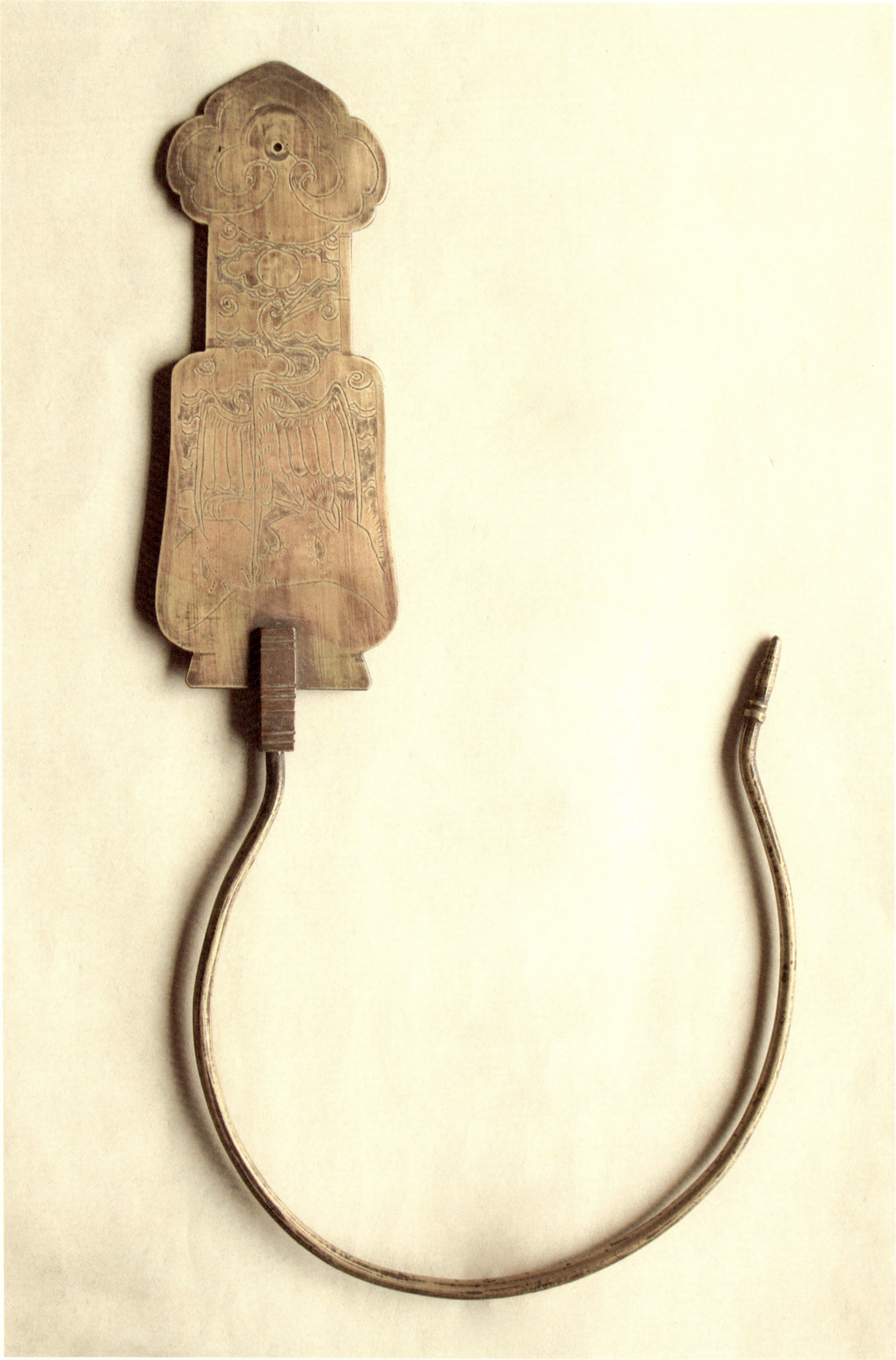

340㎜×190㎜

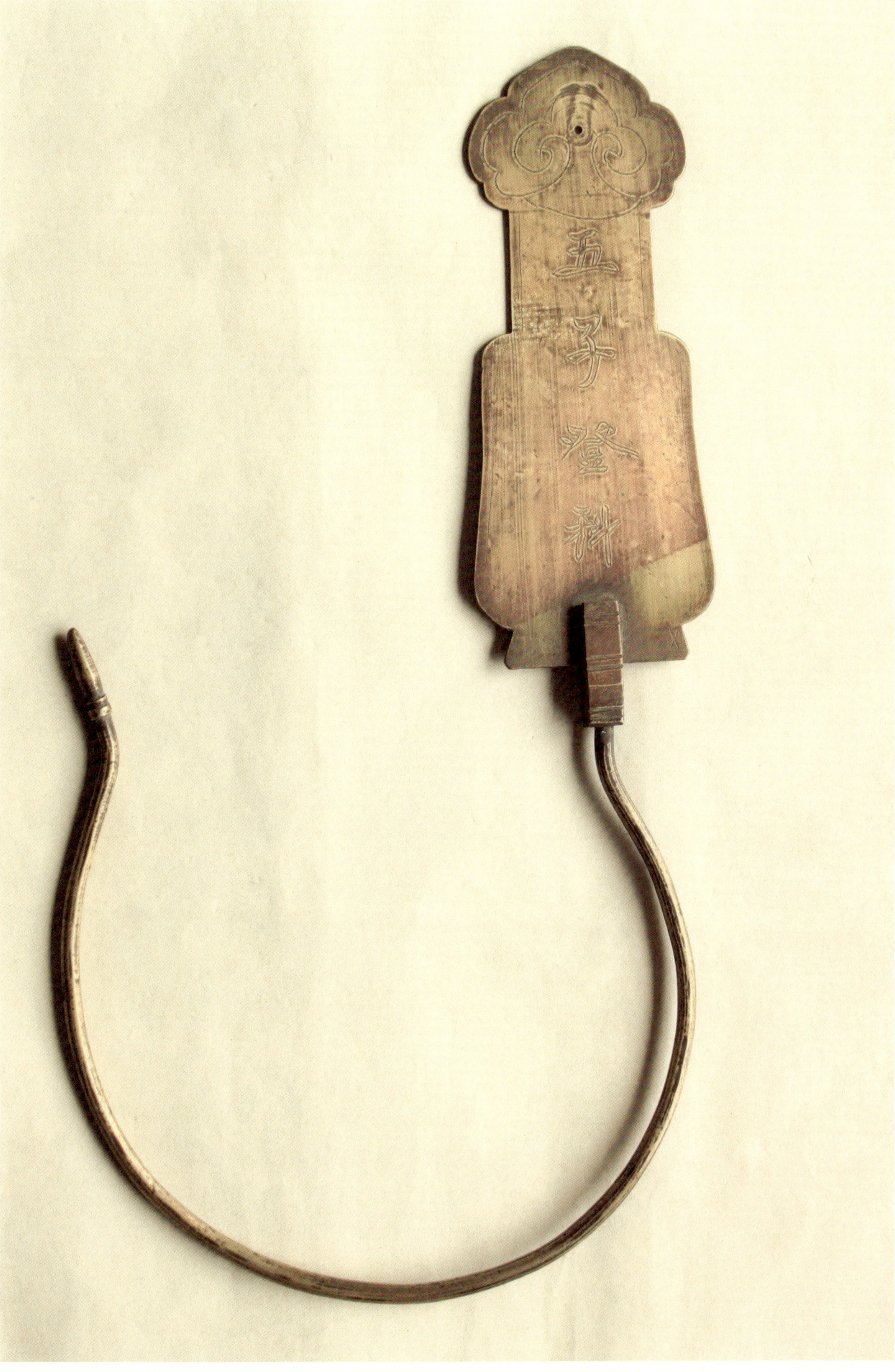

340㎜×190㎜

310mm×160mm

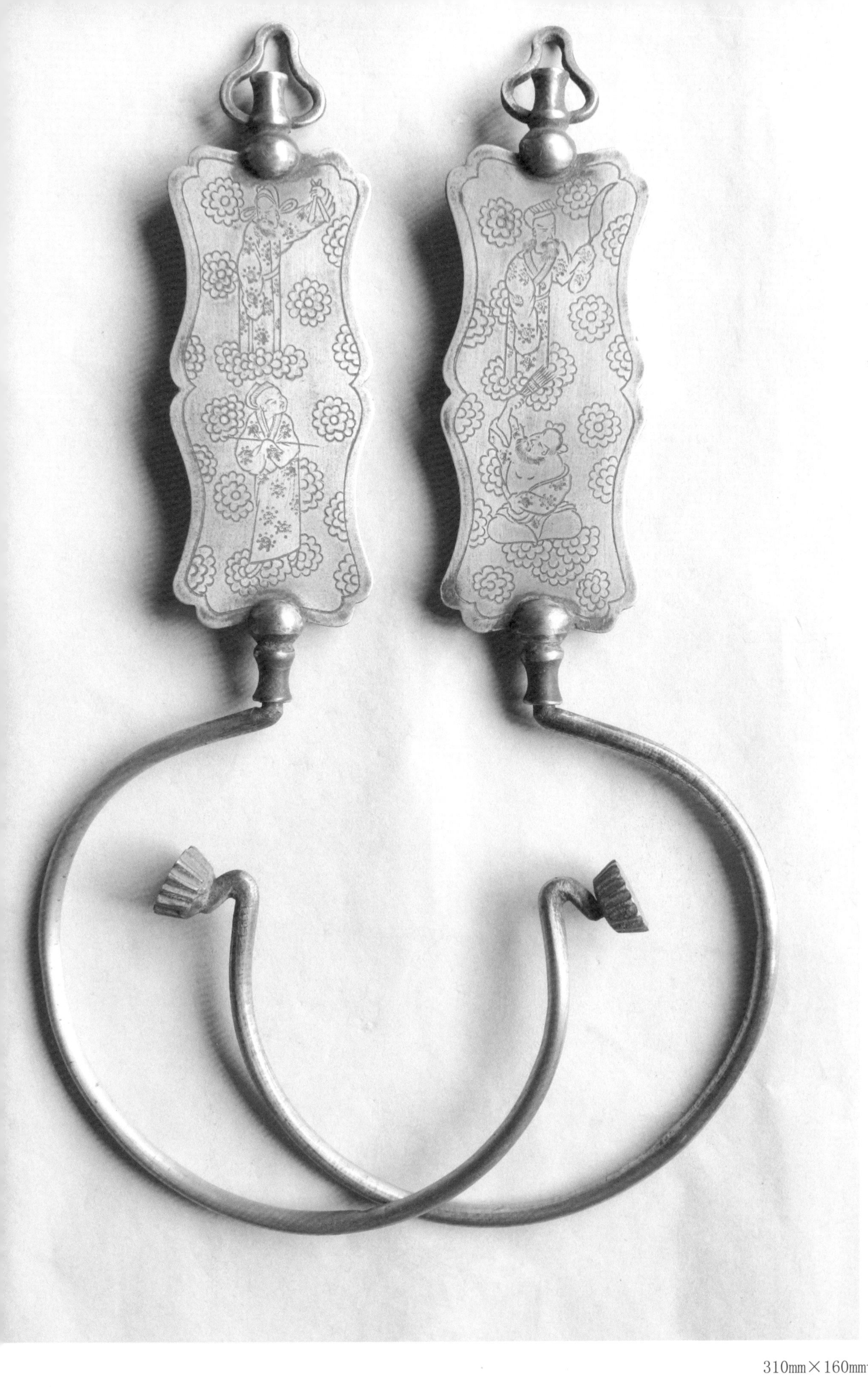

310mm×160mm

八仙过海

八仙通常指铁拐李、汉钟离、张果老、蓝采和、何仙姑、吕洞宾、韩湘子、曹国舅。八位的法器众多，有拐（葫芦）、扇（芭蕉扇）、檀板（鱼鼓）、花篮、拂尘（荷花）、剑、笛、葫芦（玉板），被称为『八宝』或『暗八仙』。

八仙与一般道貌岸然的神仙不同，他们各自伴随着多彩的民间故事和传说，出自民间，来自大众，丰富的形象（包括暗八仙）出现在各类民间艺术品中。他们是中国老百姓心目中一切希望、美好、吉祥、如意的代表，是中国老百姓心目中神仙的总汇和巅峰。

实践生命即人生之意义，是现世人文精神的积极体现。下列金属帐钩中的内容及形式，有些是传统题材，但内容和表现手法丰富，涵盖深广，且相互穿插，一改有些传统图式的程式呆板，变得生动鲜明，写意流畅；或进行了传统题材的再创作，加入了诗文花草、远山近邻，甚至还有落款。现实题材的花鸟鱼虫、金钱童子、山水文人、革命主义等，内容更是多彩。这些金属帐钩的形式和内容，似生活中的版画、插图、白描、画影，随手拈来、天真烂漫、现实真切。

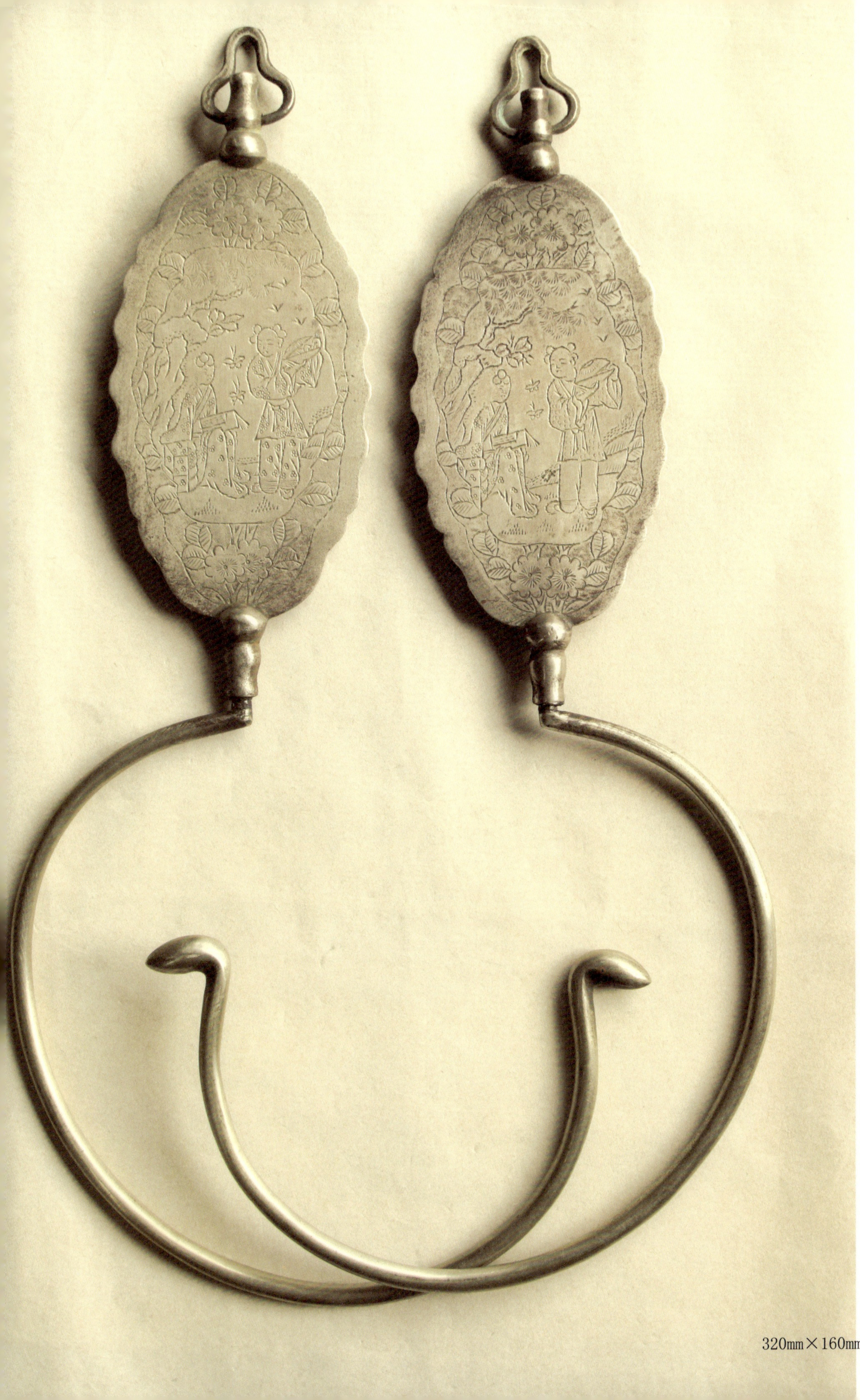

320㎜×160㎜

320㎜×160㎜

320㎜×160㎜

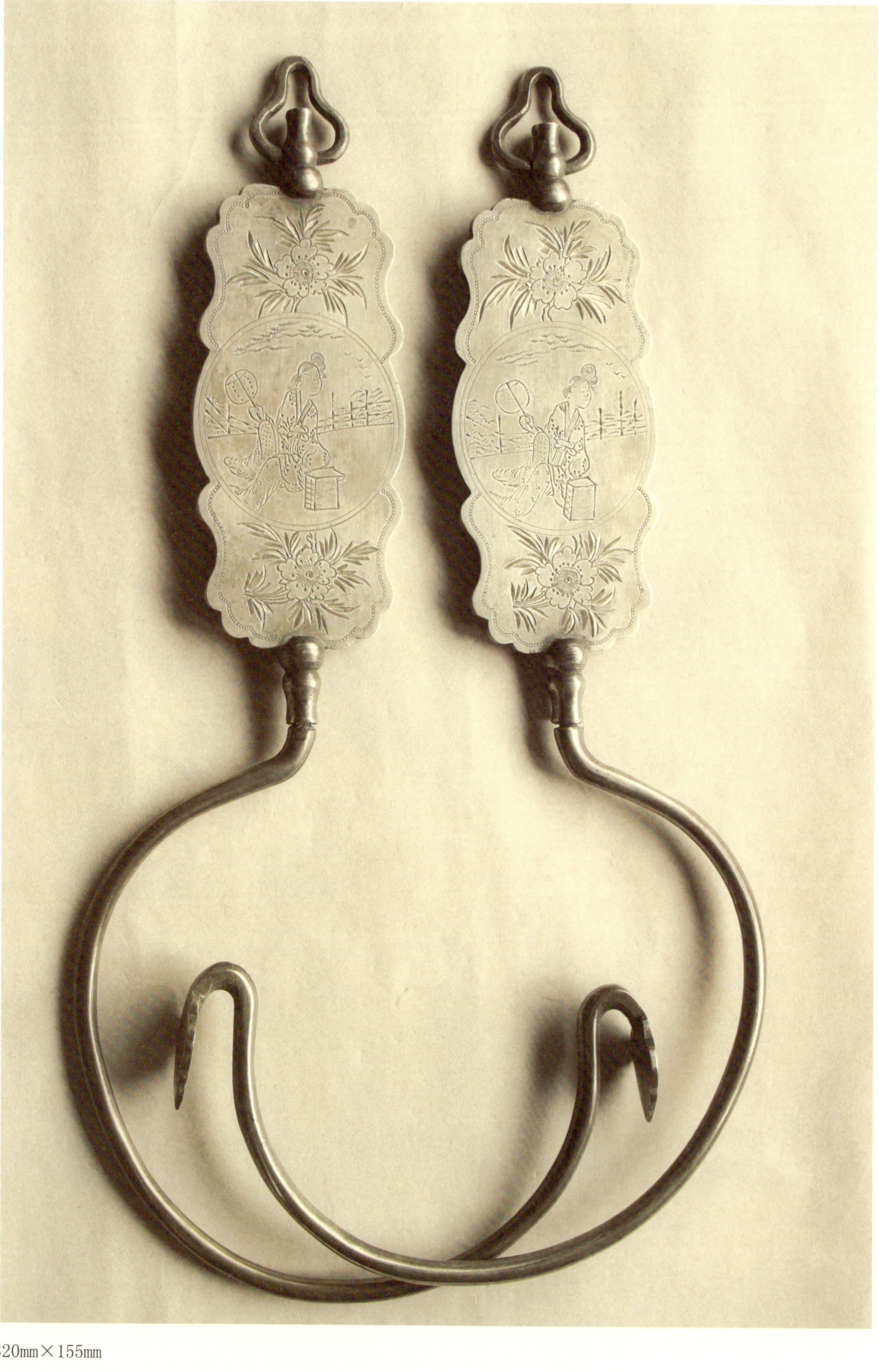

320mm×155mm

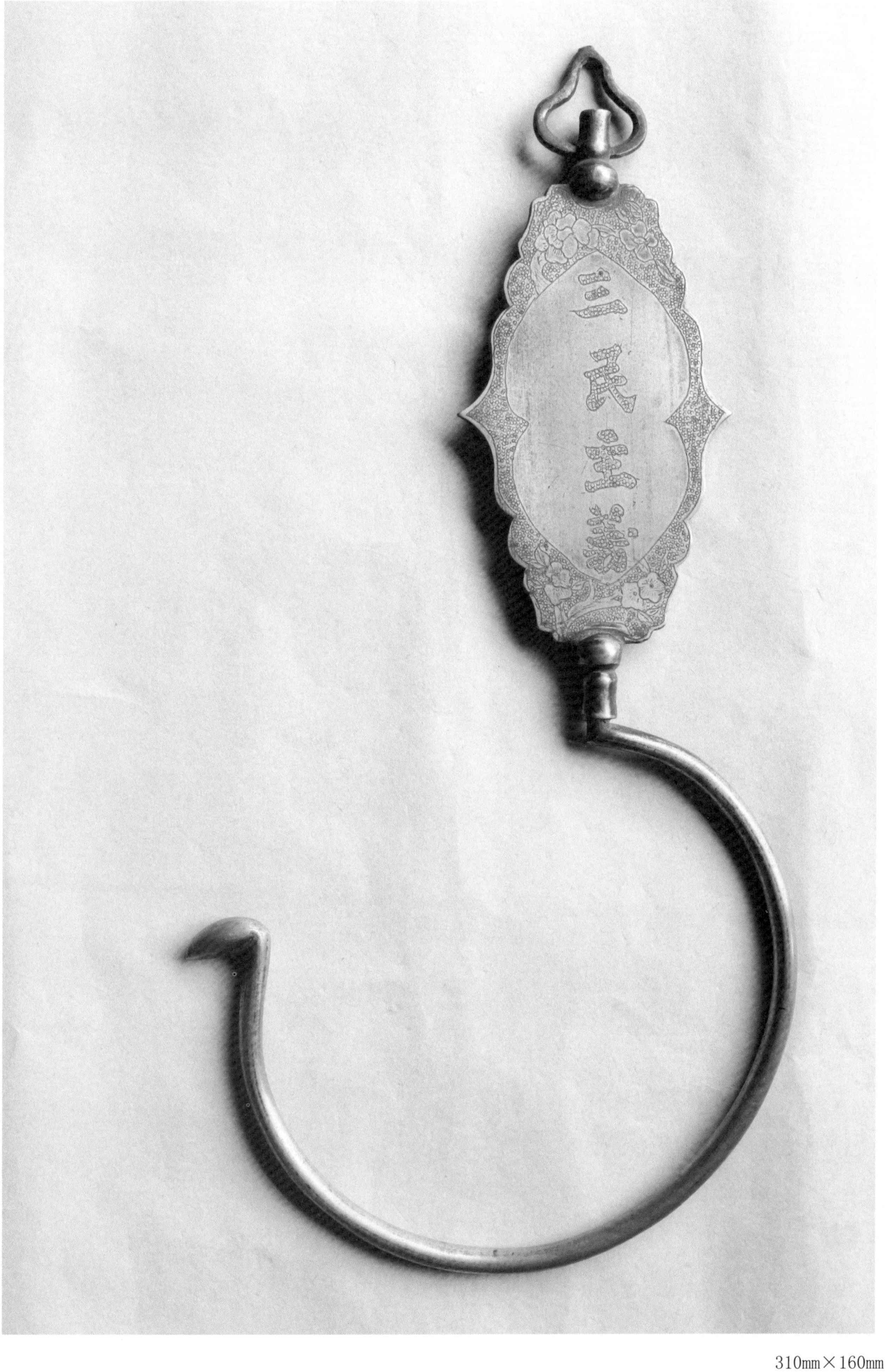

310mm×160mm

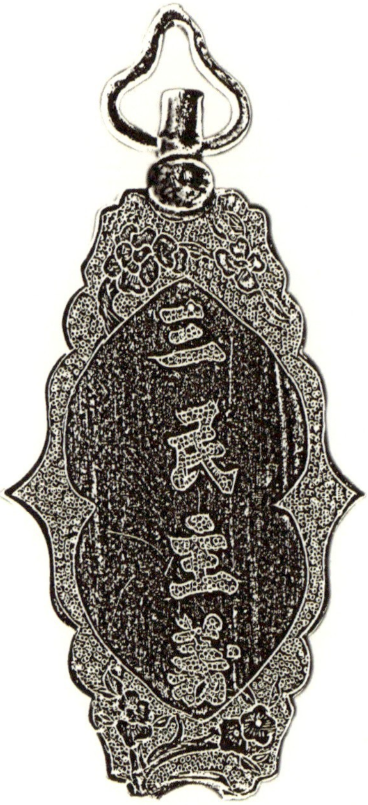

三民主义

『三民主义』是孙中山倡导的民主革命纲领，由民族主义、民权主义、民生主义构成。它是中国人民宝贵的精神财富。三民主义金属帐钩，是历史和时代的体现，可以窥探『三民主义』在当时对中国广大民众之影响。

310㎜×160㎜

310mm×160mm

牛郎织女图

此钩画面为牛郎织女图，以桂树、仙女、老牛勾勒出故事要点，歌颂人神大爱。

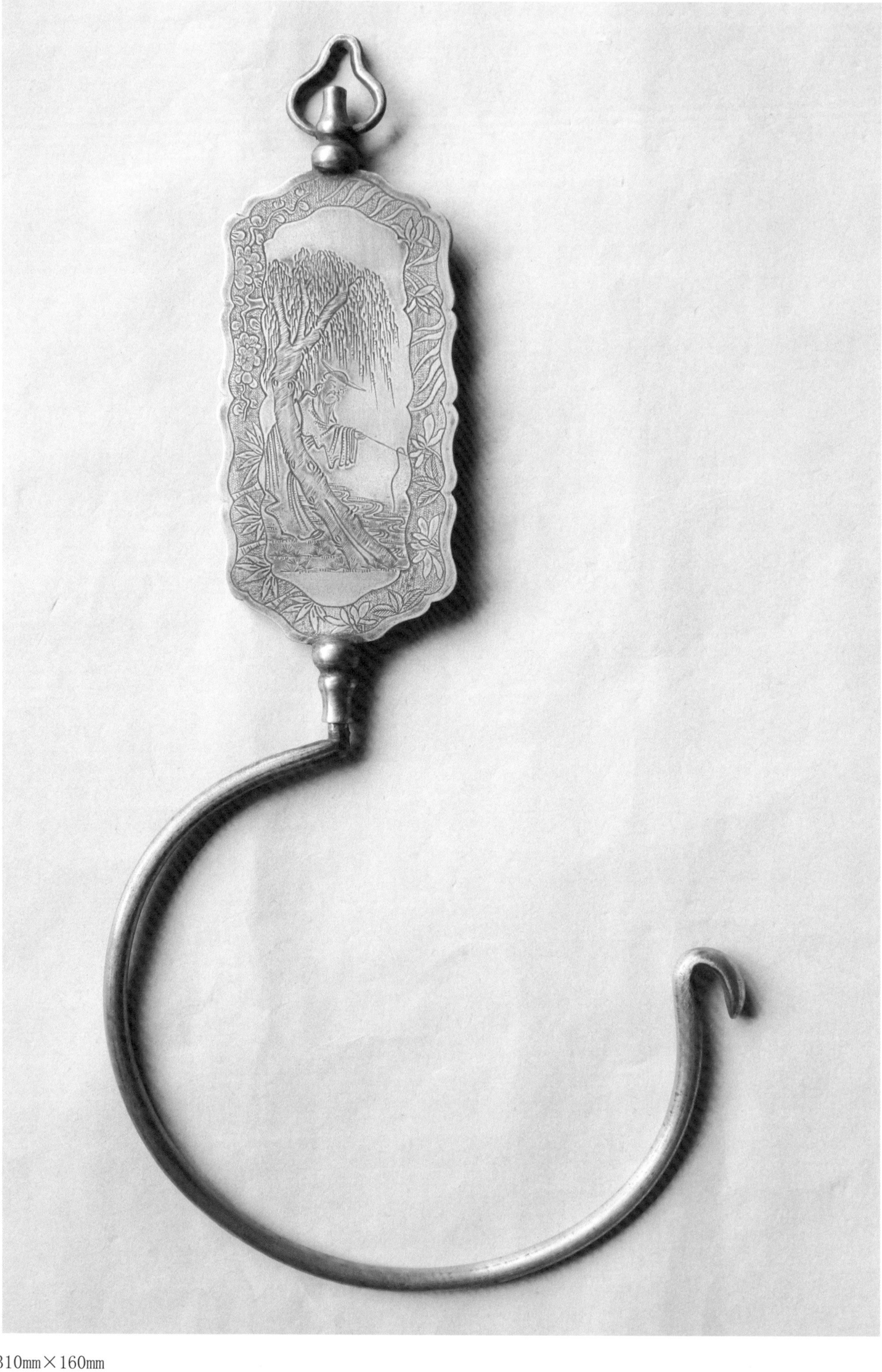

310mm×160mm

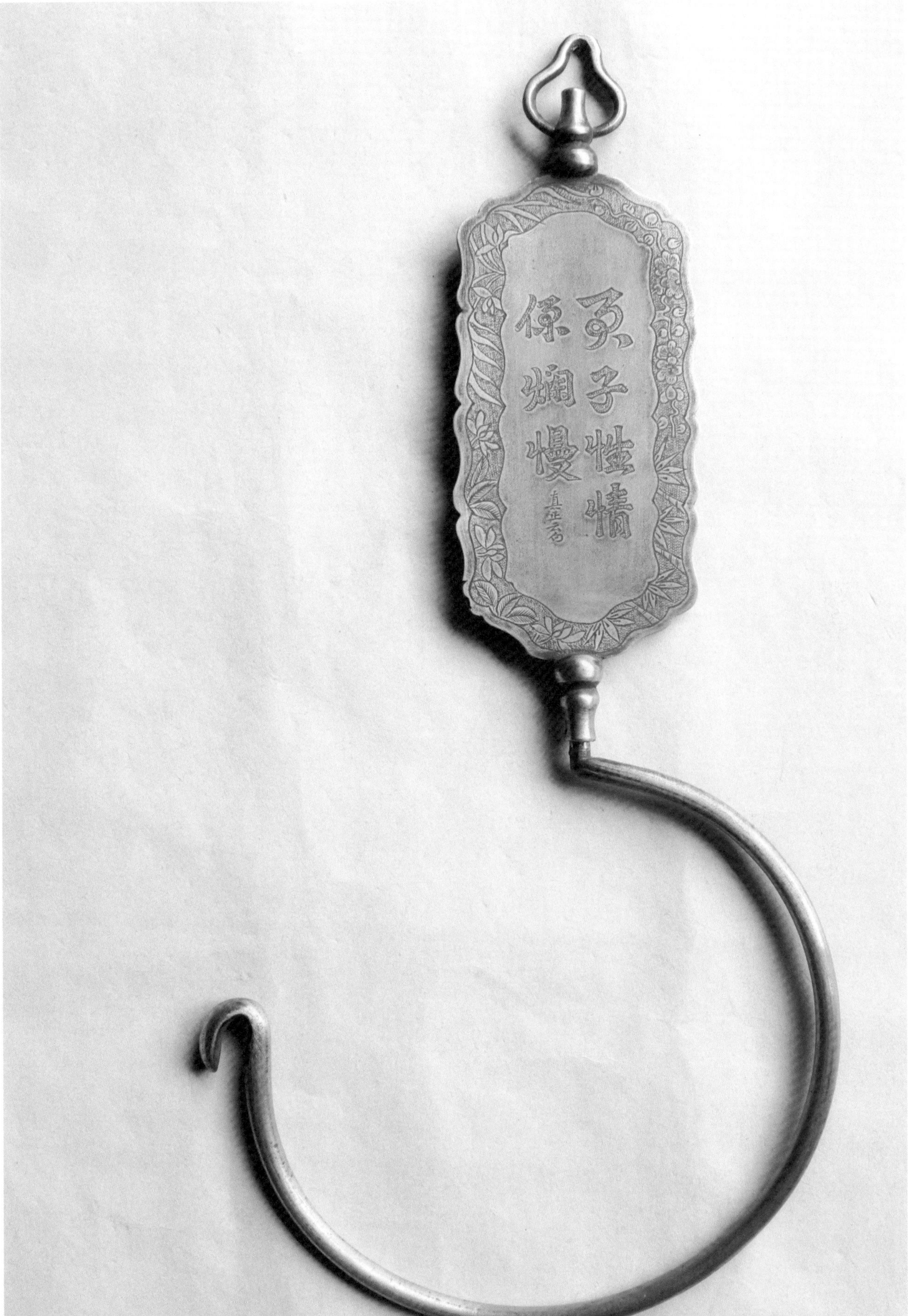

310mm×160mm

姜太公钓鱼

姜太公钓鱼之故事几乎家喻户晓，并有歇后语，『姜太公钓鱼——愿者上钩』。此长方云纹帐钩，人物、景致、文字生动丰富，周饰梅、竹、兰花卉，更突出了姜尚高洁、智慧之性格。

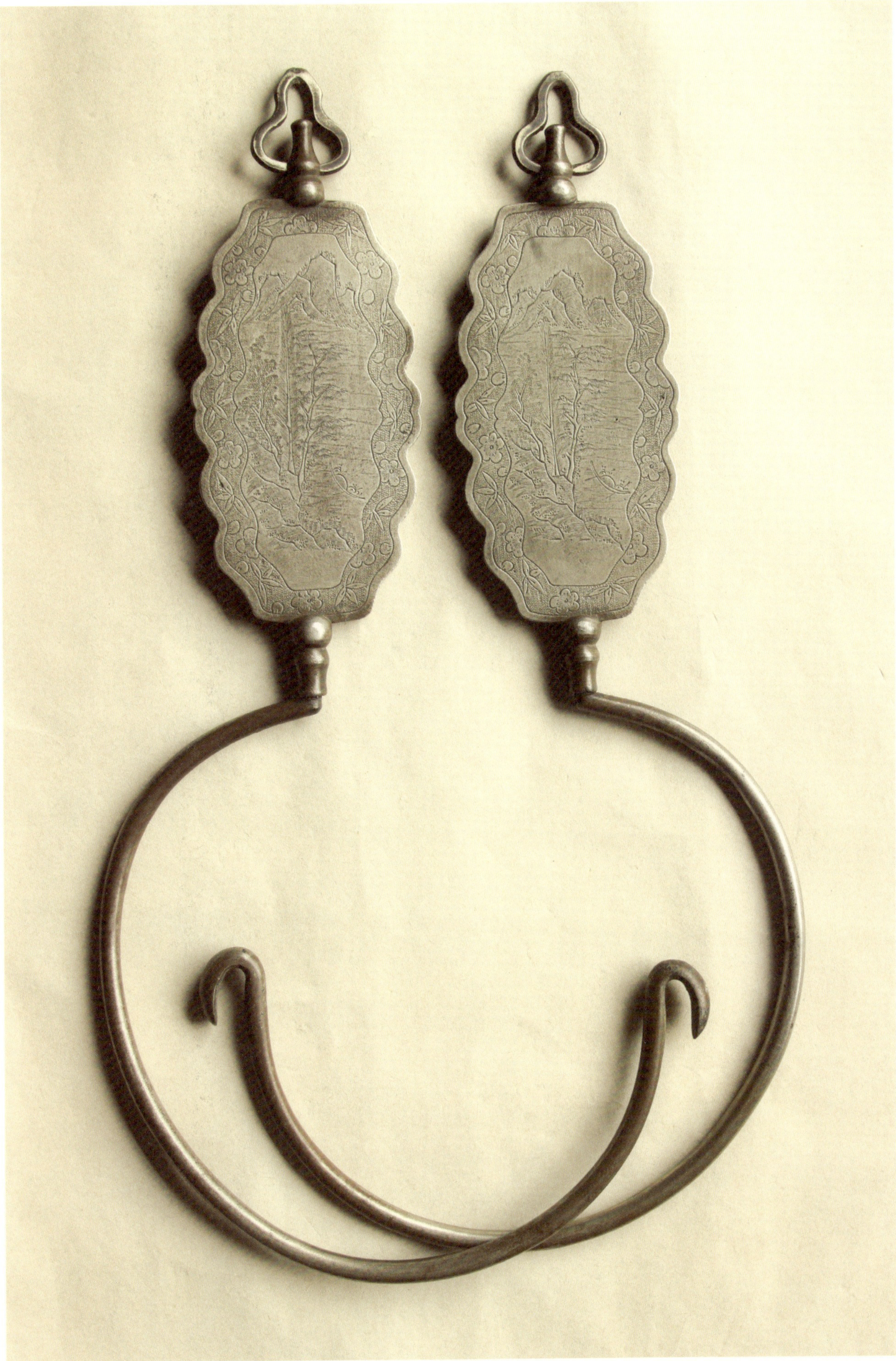

310mm×160mm

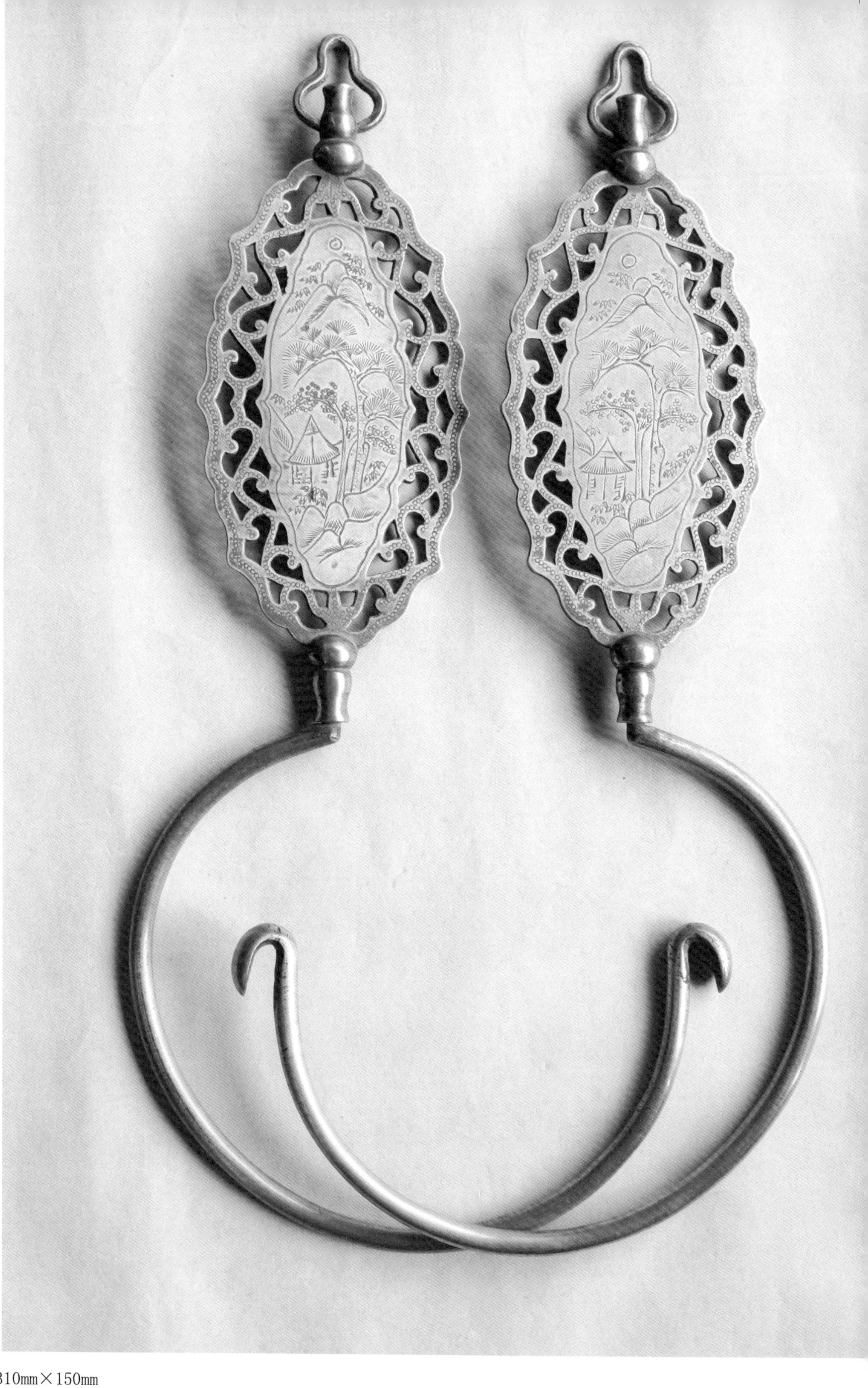

310mm×150mm

270mm×130mm

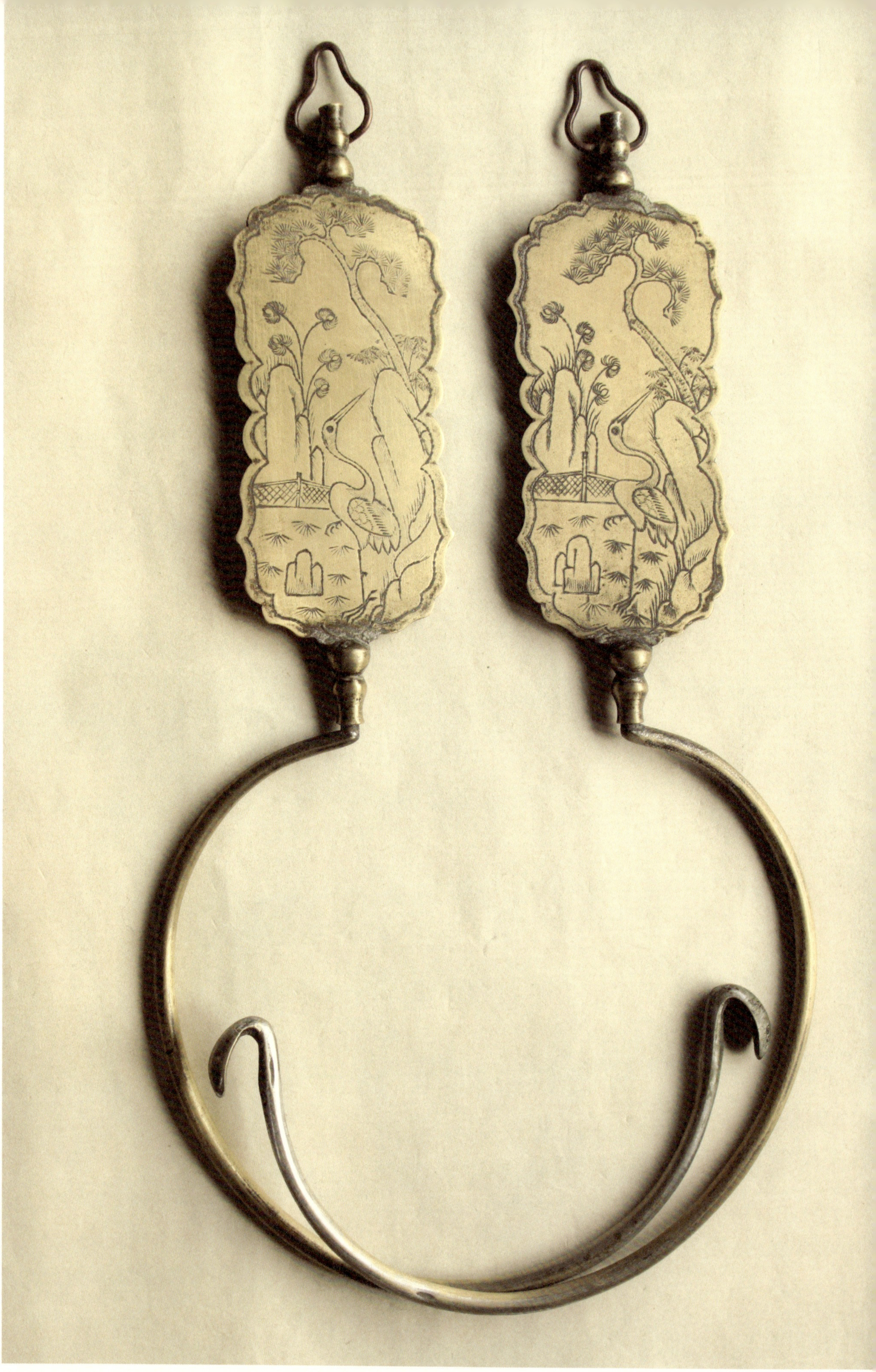

330mm×160mm

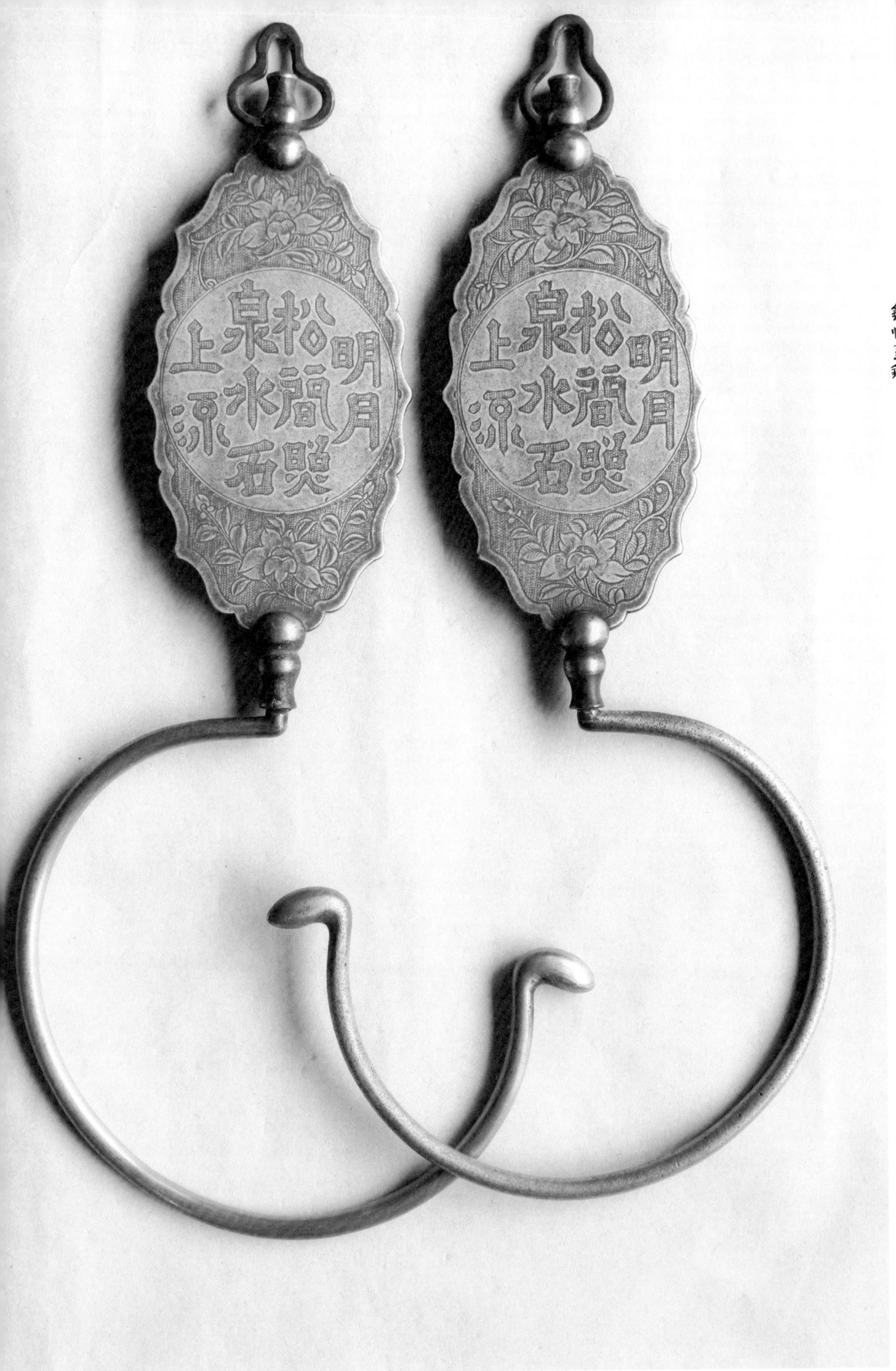

銀帳金鉤

300㎜×150㎜

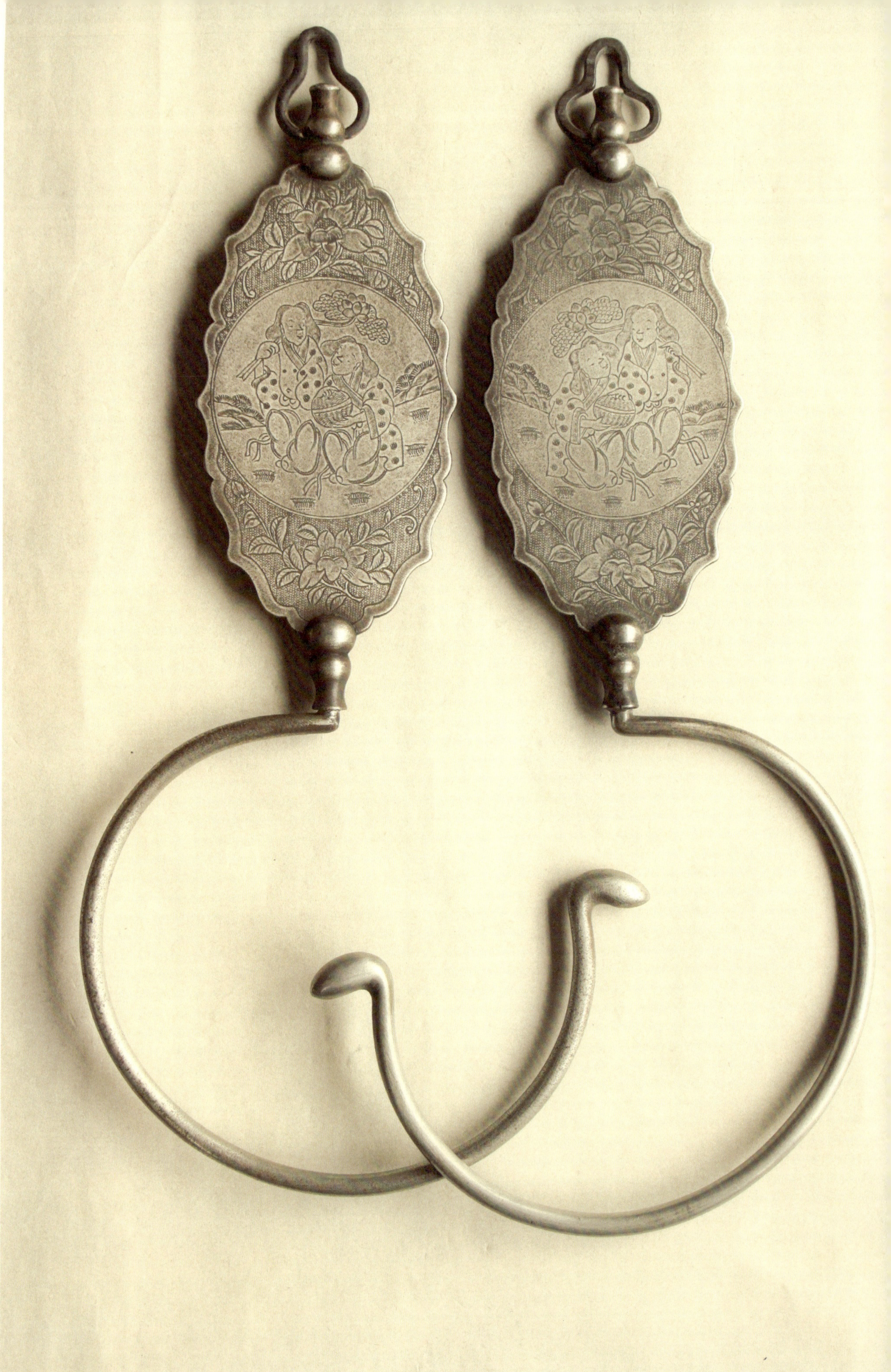

300mm×150mm

和合二仙

此钩画面为和合二仙，文字则为唐诗，在帐钩中比较特别，诗书画合一，人文气息浓厚。

310㎜×160㎜

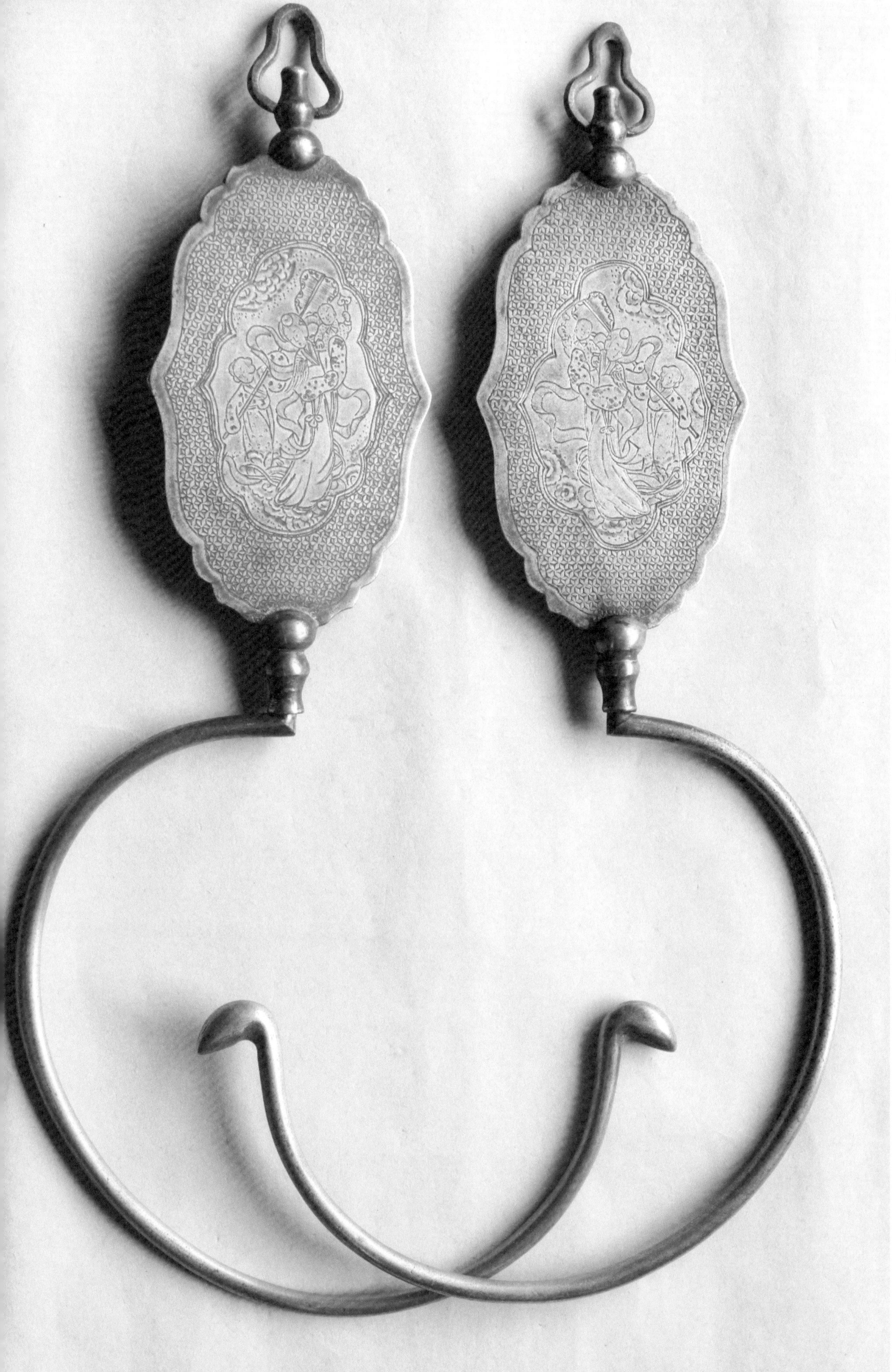

310mm×160mm

天仙送子

此钩画面为天仙送子，文字『良好家庭』『美满姻缘』很是亲切，深具历史感和时代感。

【明式帐钩】

明式帐钩，简约不简单，有着浓厚的生活气息，透露出独特的魅力，似中国艺术之魂——书法——线的艺术，它是金属帐钩中的大写意者。

330mm×170mm

330mm×160mm

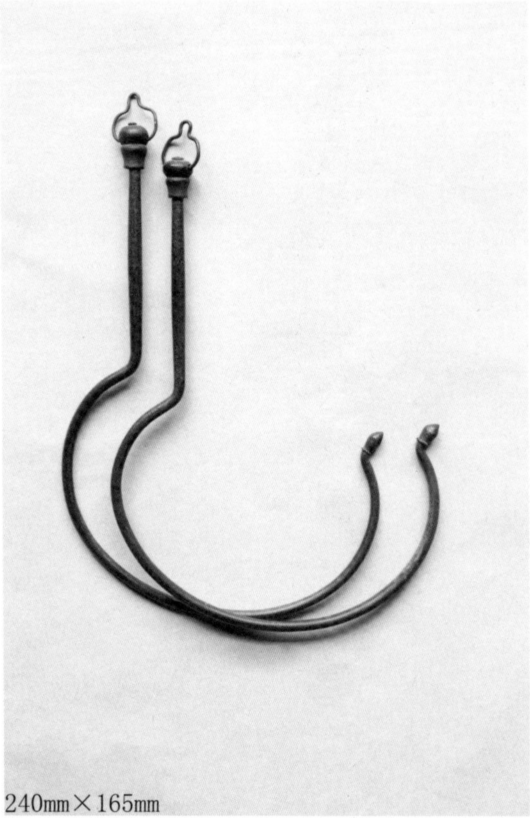

240mm×165mm

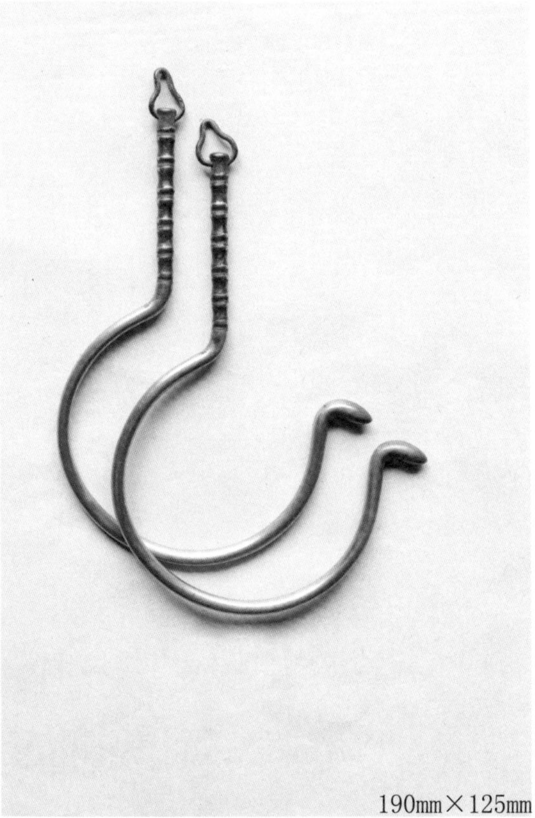

190mm×125mm

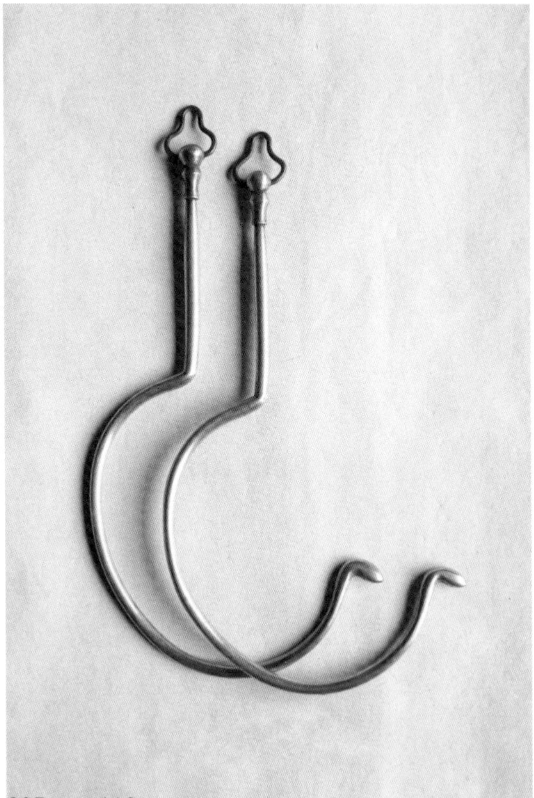

205mm×110mm

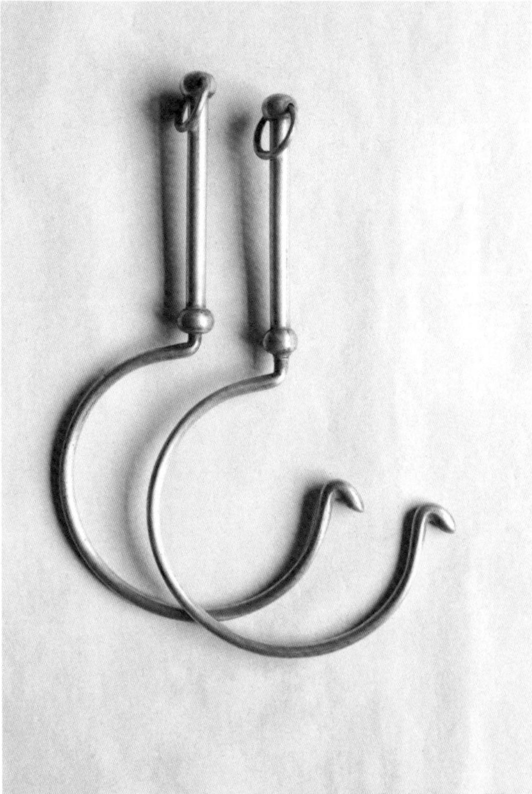

200mm×105mm

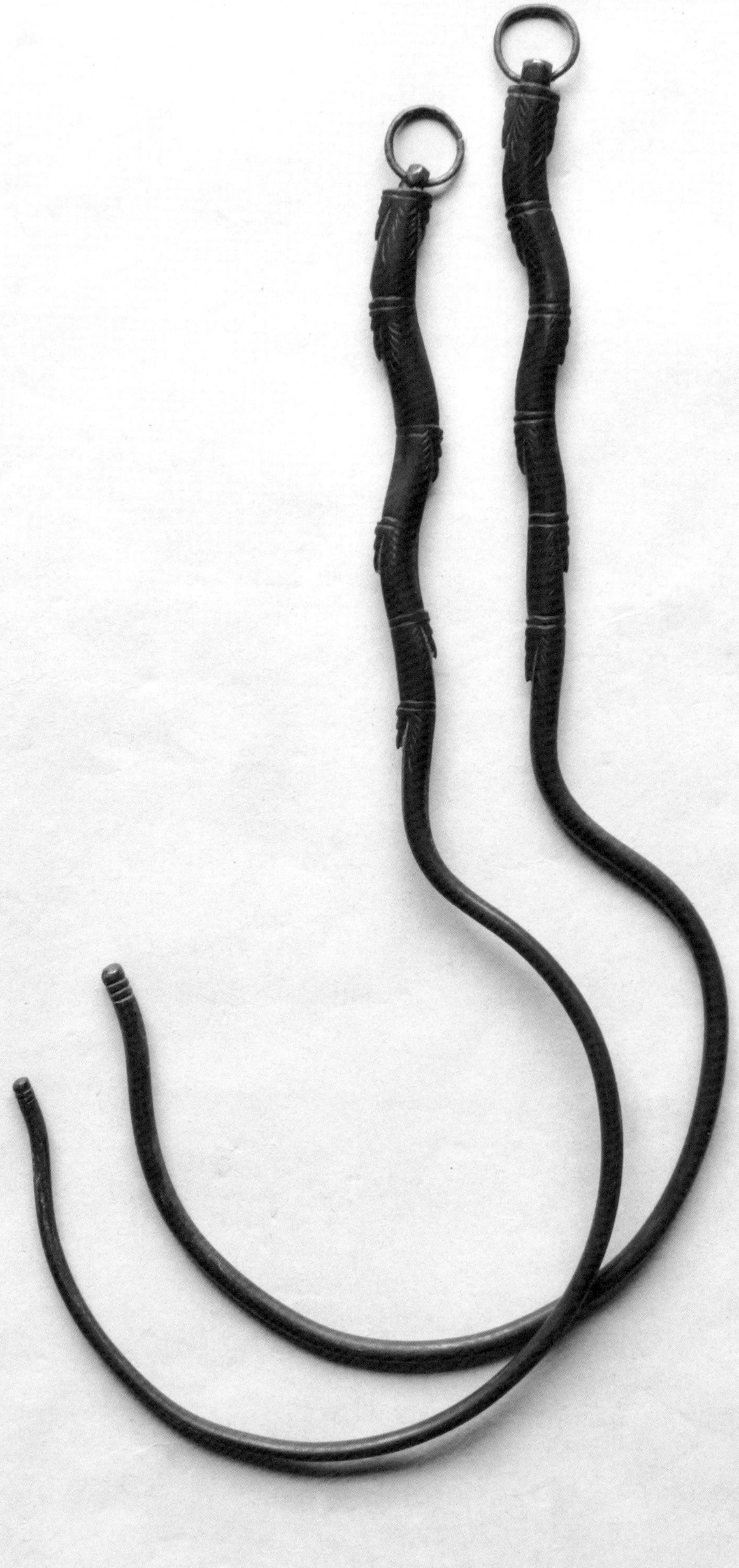

230mm×110mm

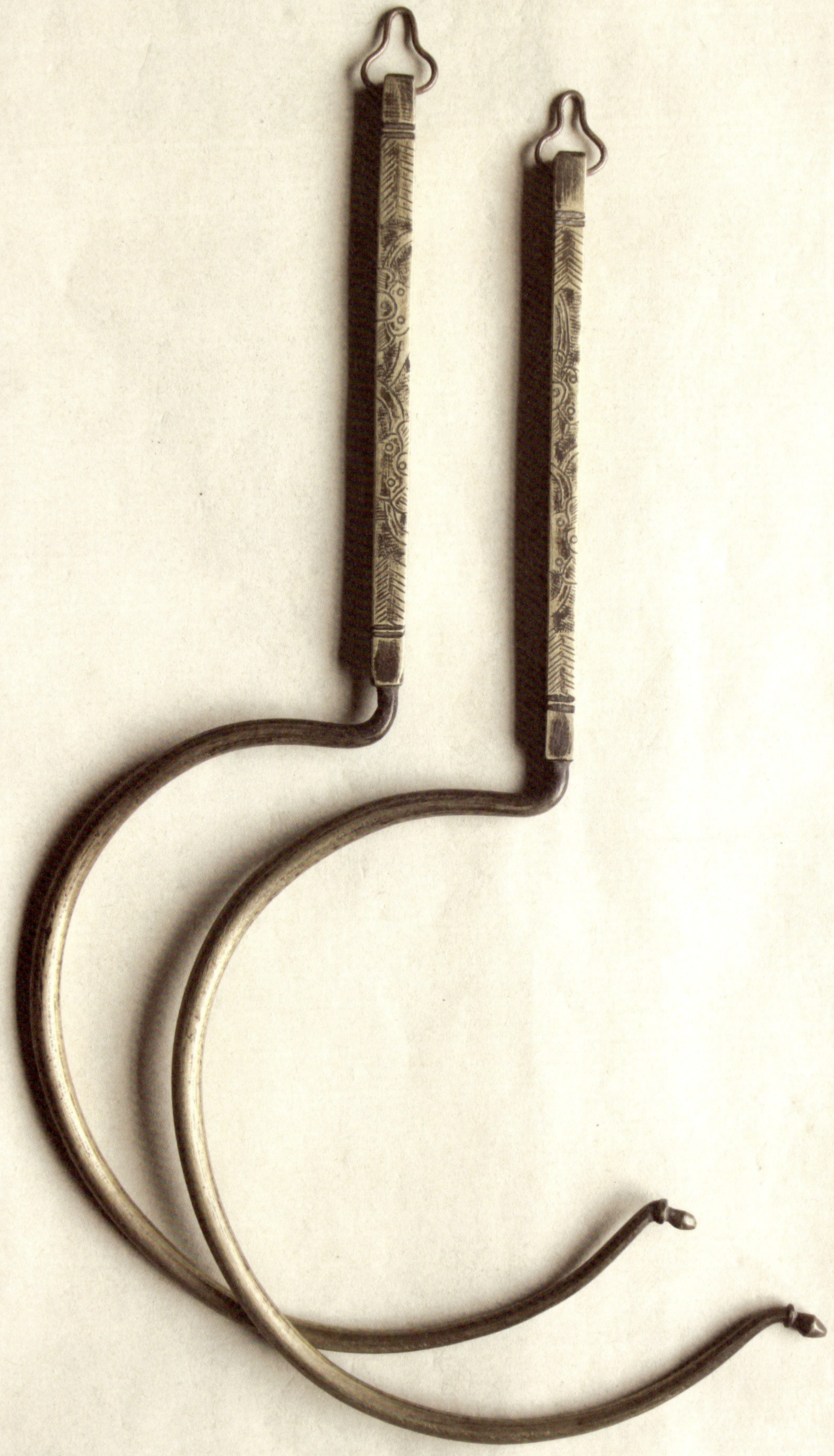

250㎜×130㎜

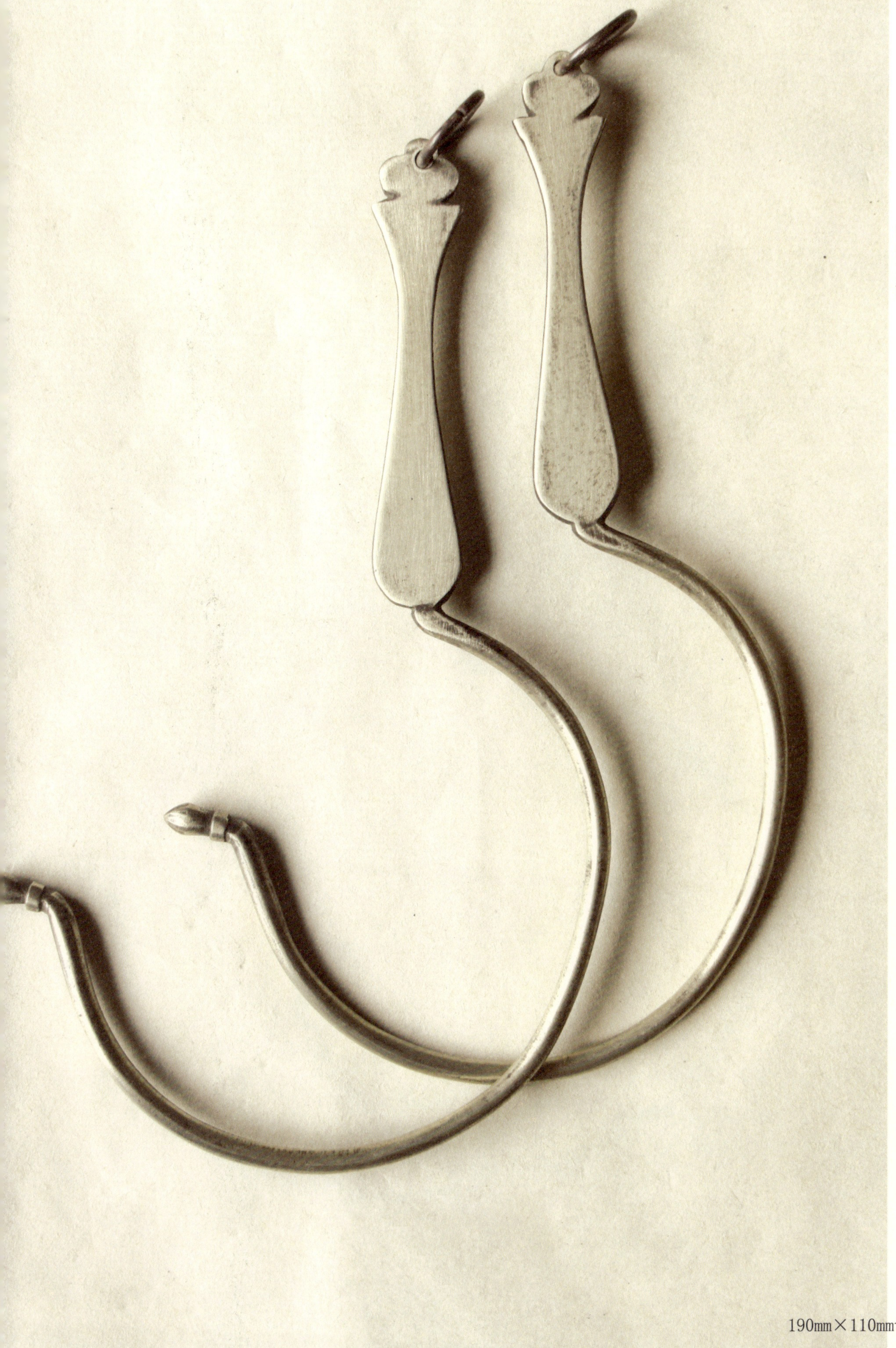

190mm×110mm

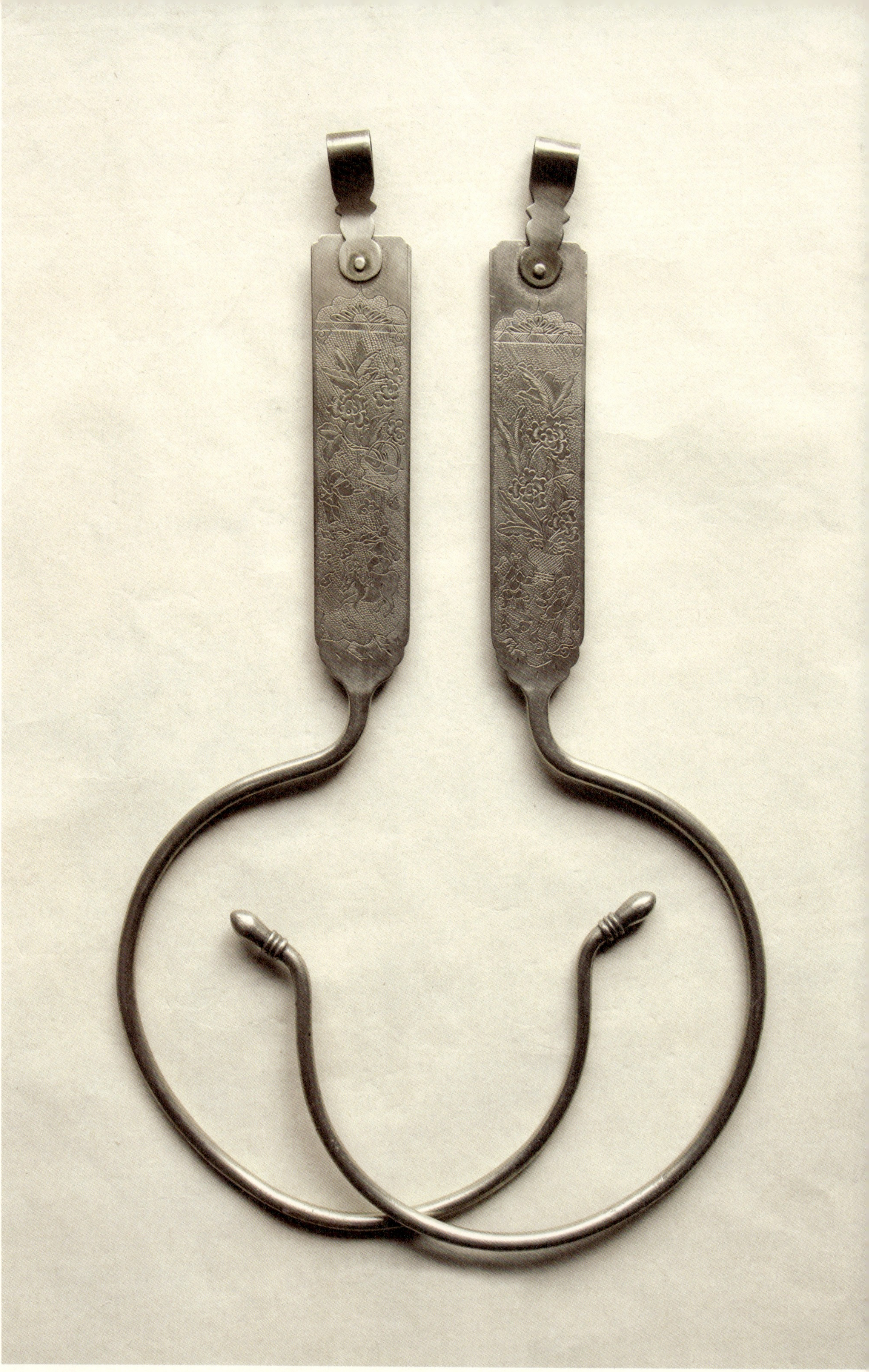

320mm×165mm

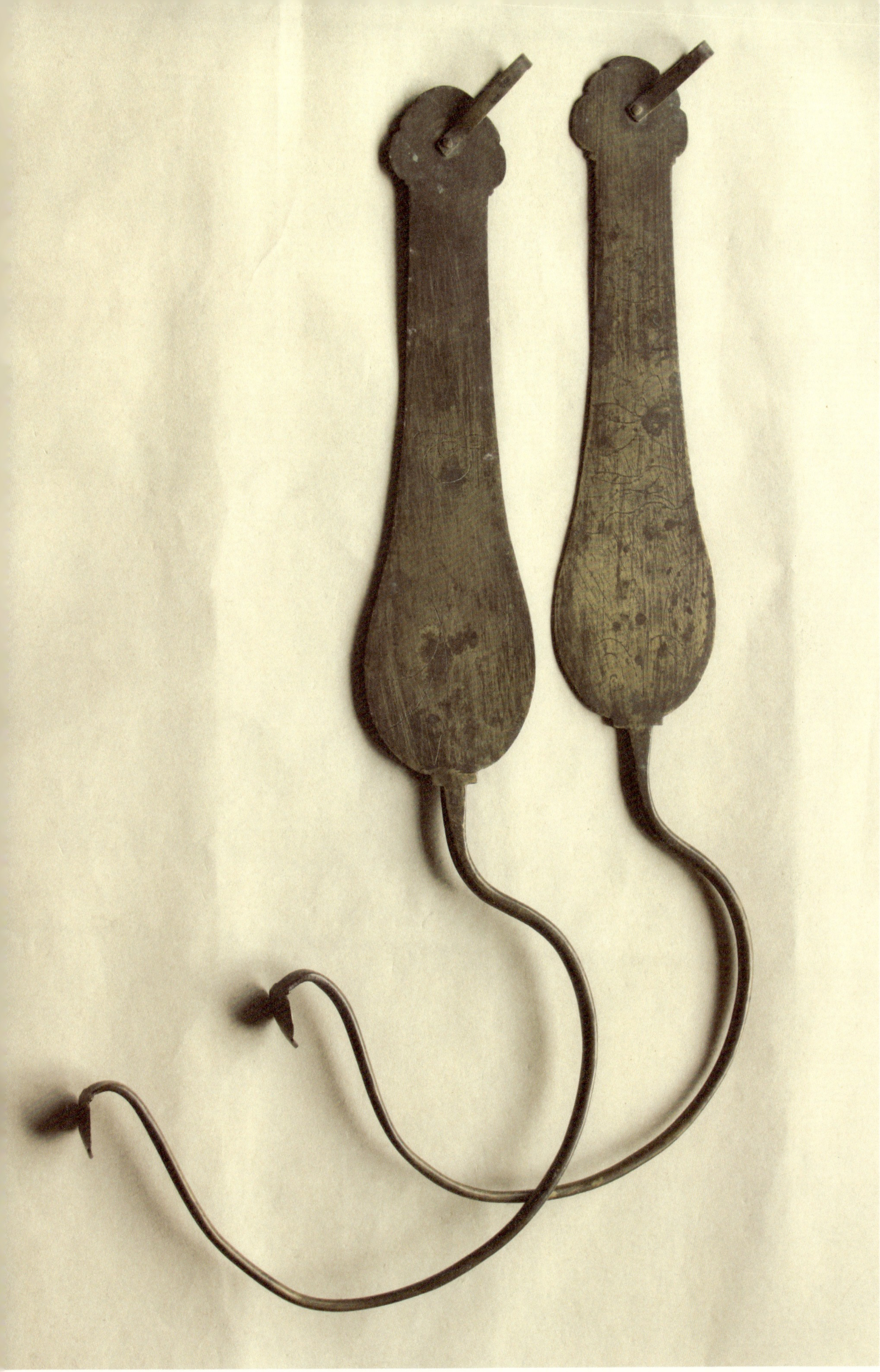

400mm×170mm

【时代特色】

轻松的花鸟、瓜果、鱼虫、人物，洋溢着时代的特色，现实写意，活泼率真，是一幅幅世间的写真！

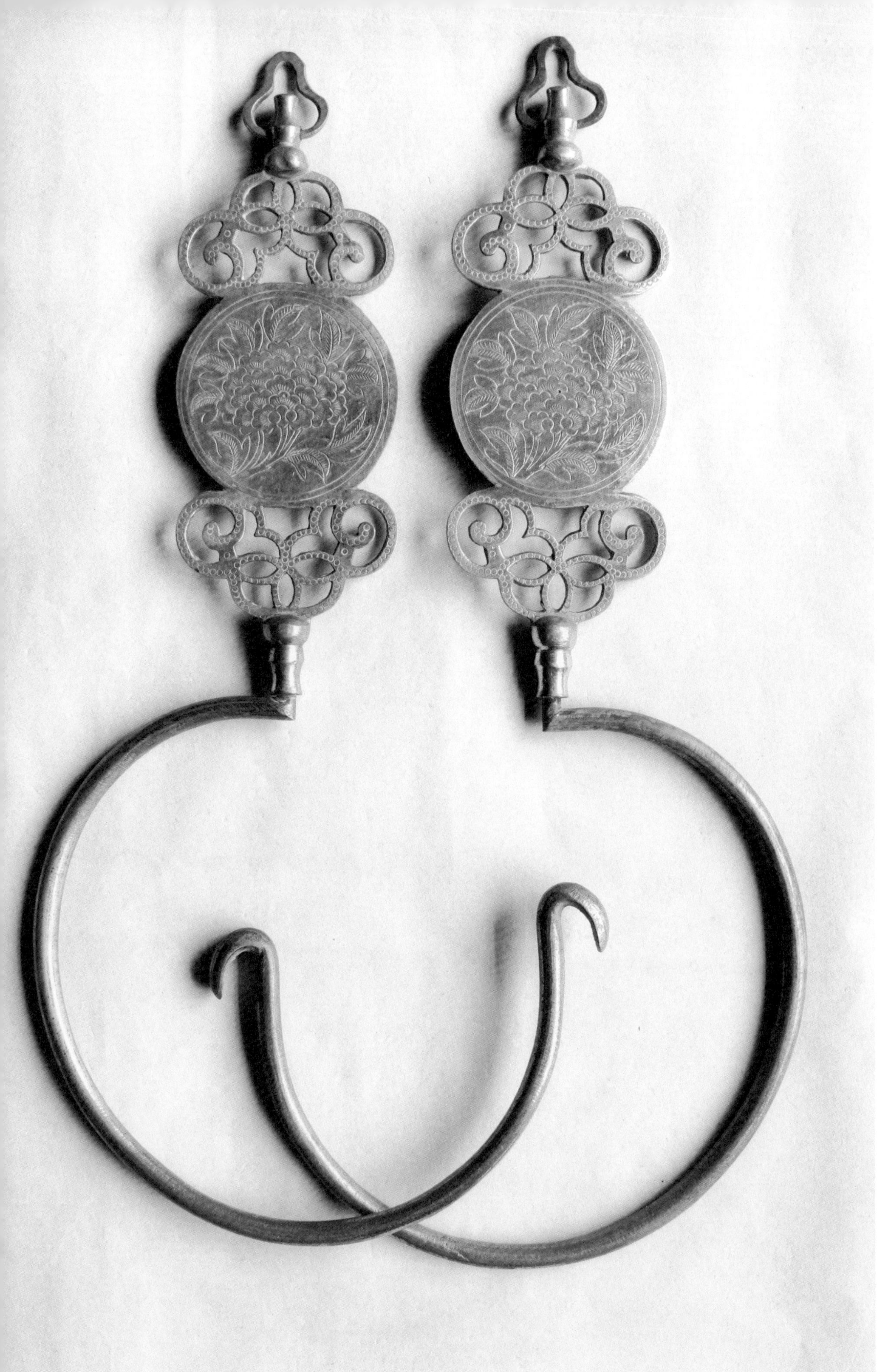

银帐金钩

320mm×160mm

310mm×160mm

310mm×160mm

340mm×165mm

230mm×110mm

260mm×140mm

320mm×150mm

400mm×190mm

350mm×160mm

350mm×160mm

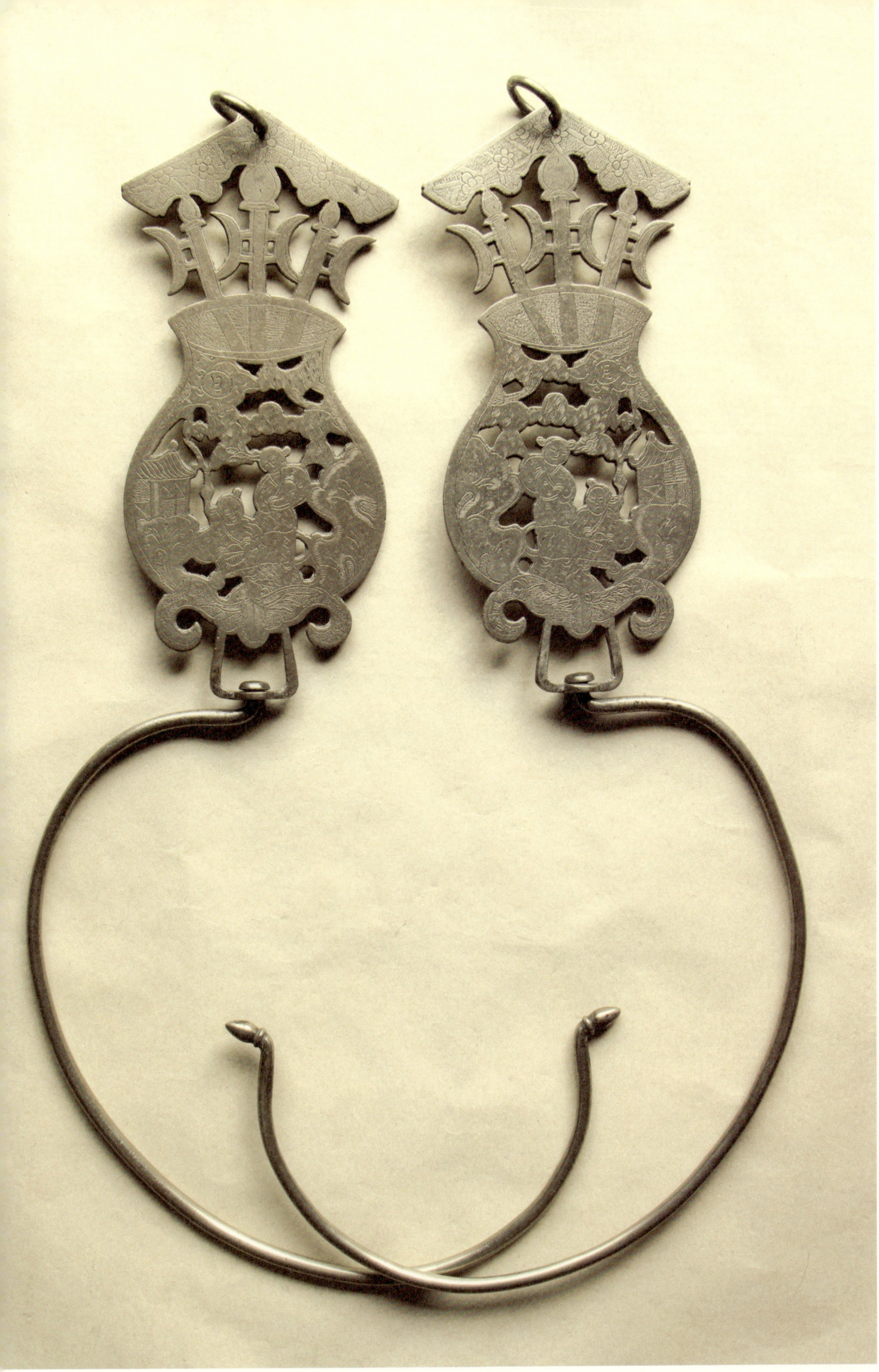

400mm×200mm

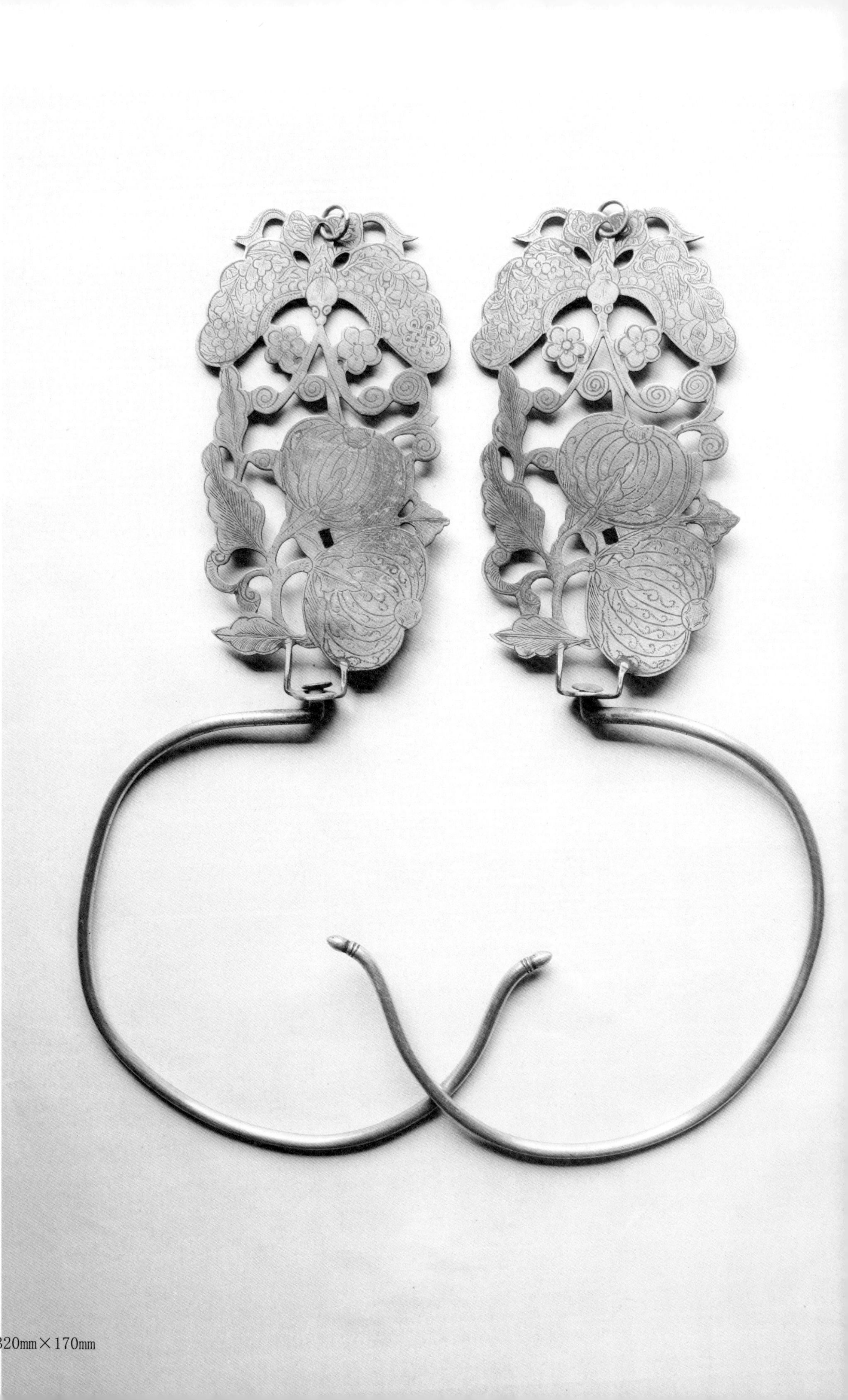

320mm×170mm

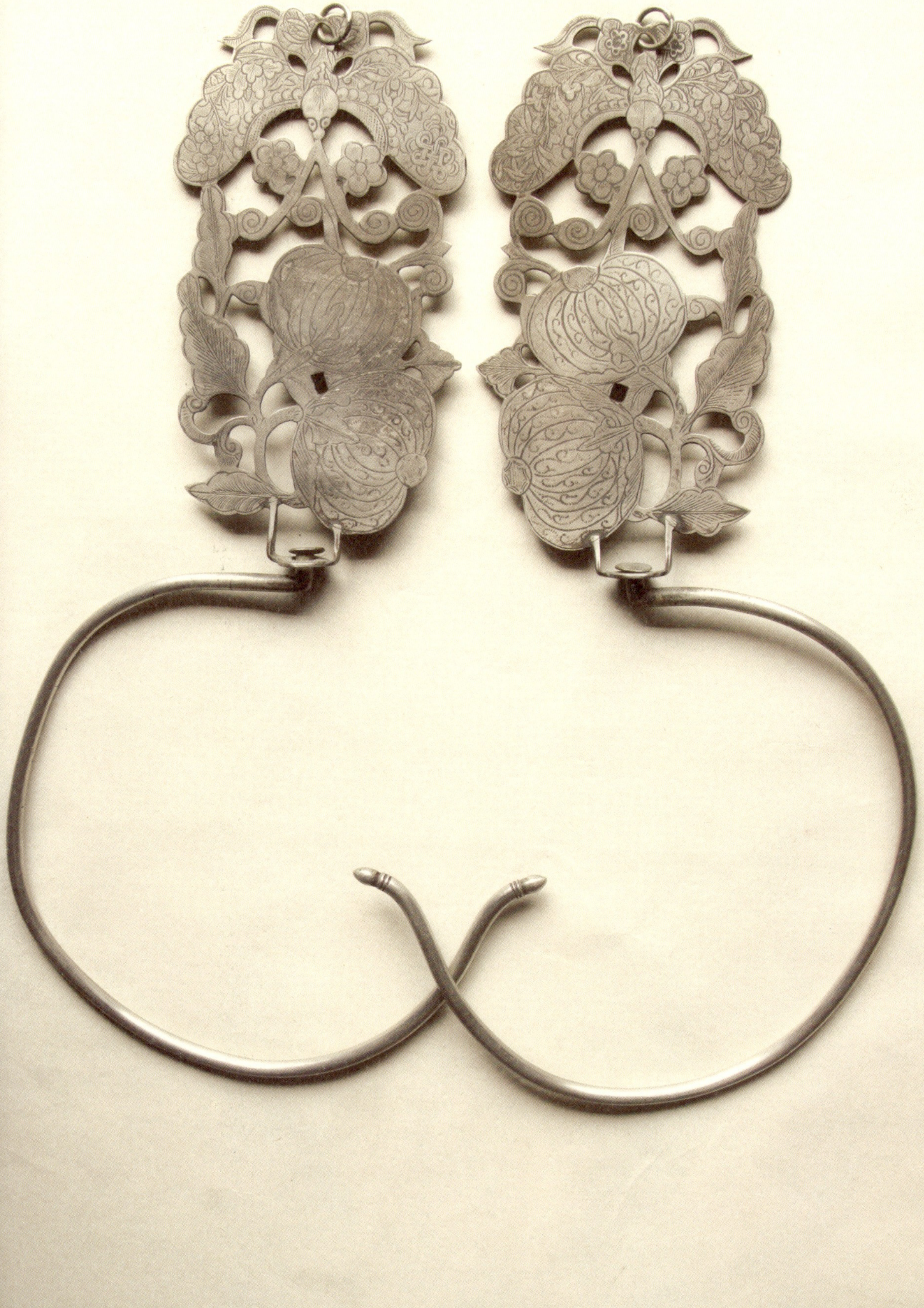

320mm×170mm

325mm×165mm

320㎜×165㎜

350mm×190mm

350mm×190mm

银帐金钩

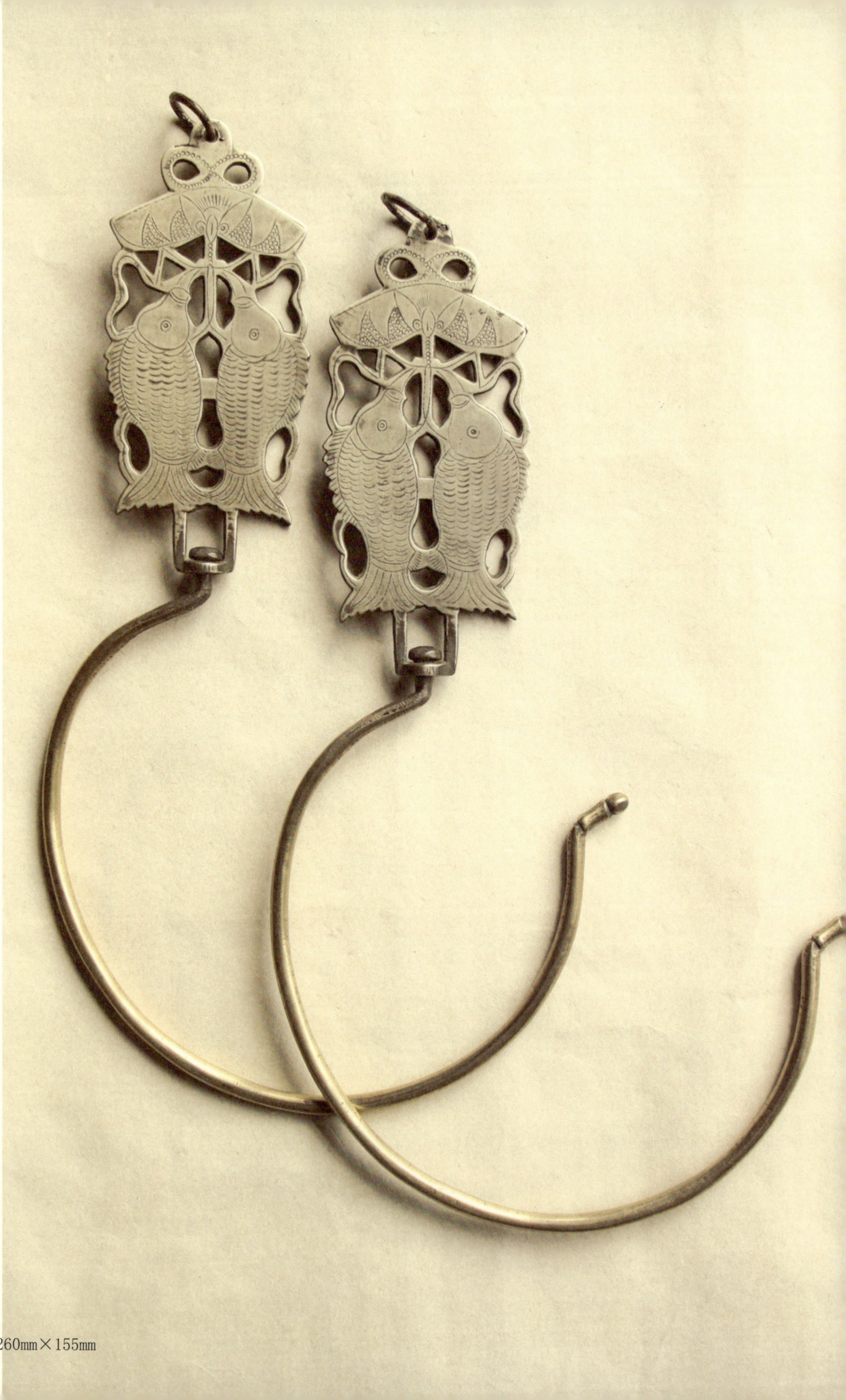

260mm×155mm

250mm×140mm

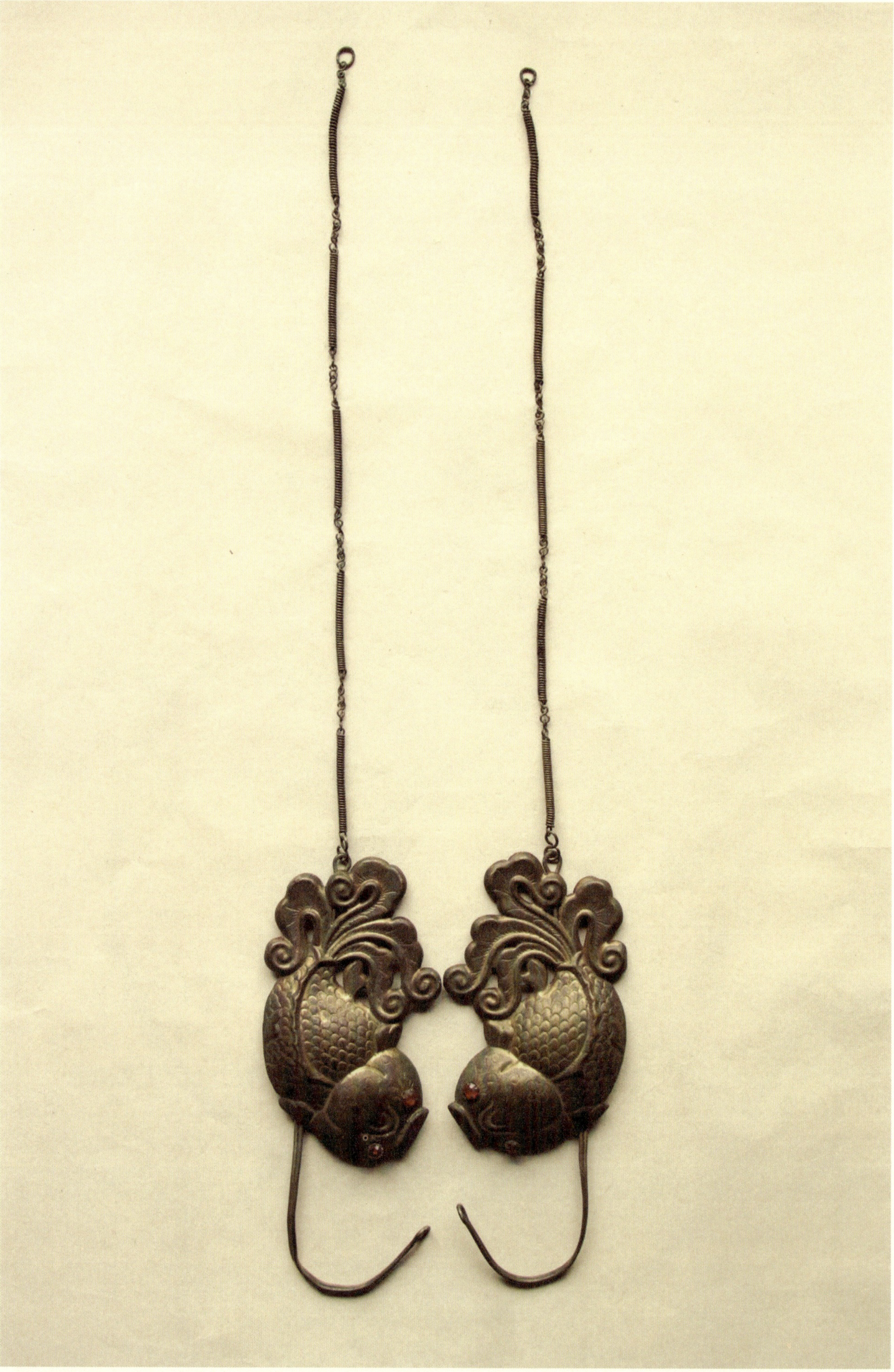

450mm×80mm

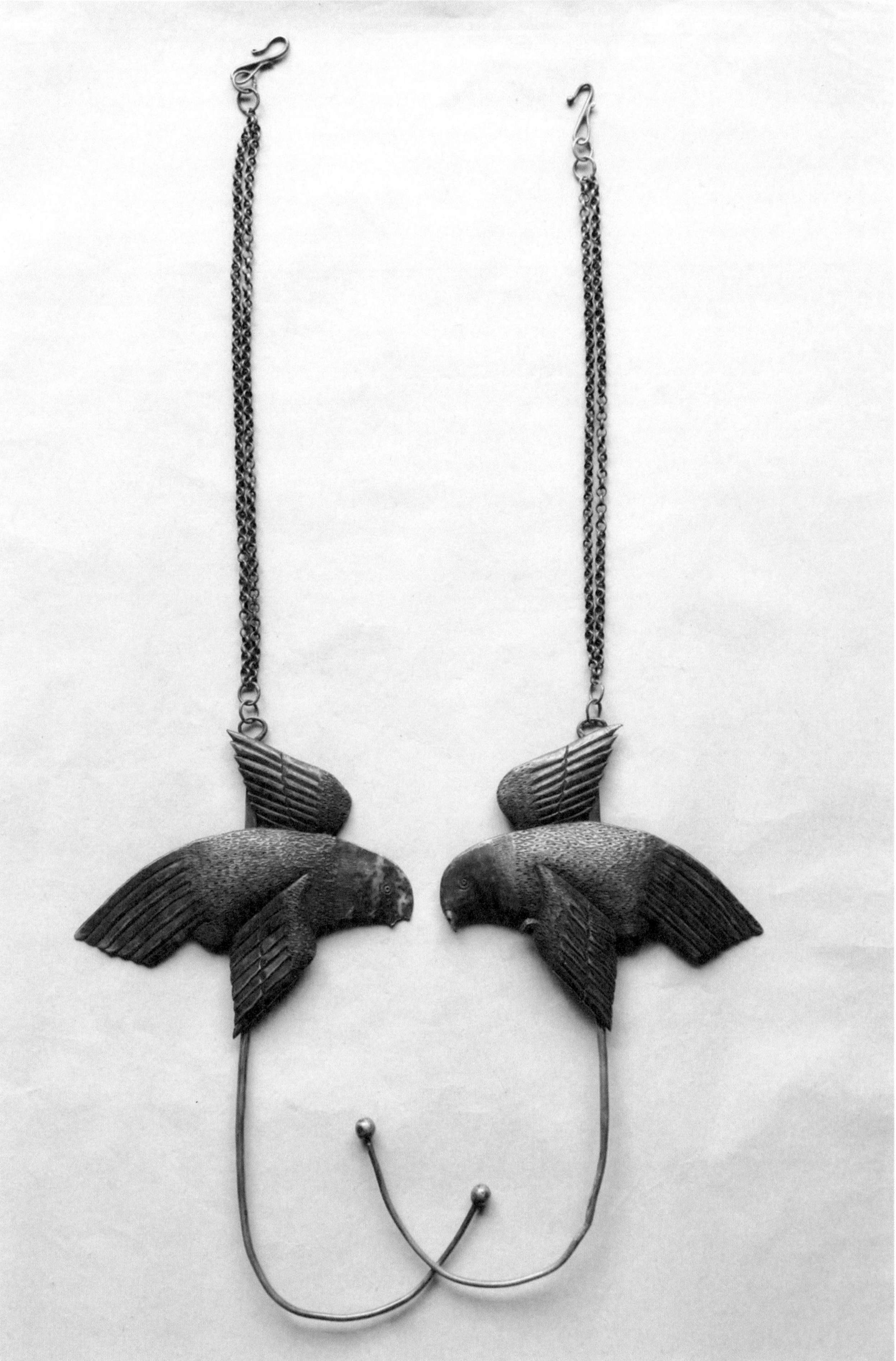

50mm×130mm

【童子骑车】

自行车传入中国也只有100多年历史（约1868年）。金属帐钩中出现童子骑车的很是少见。同时，制作艺人将这一图形规划在一个葫芦外形中，使整个帐钩洋溢在活泼、吉祥的气氛中。

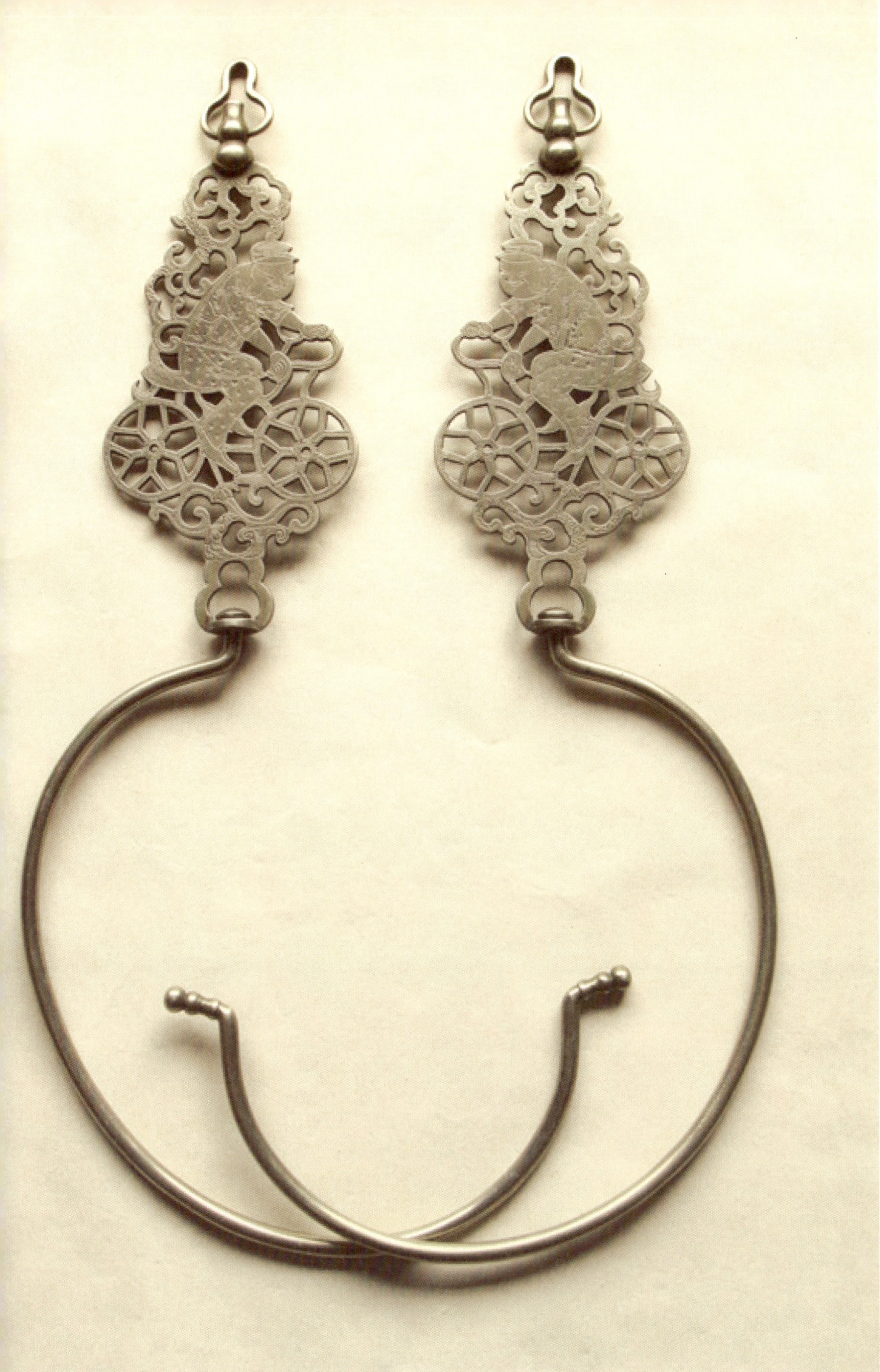

340mm×170mm

后　　记

张小峰

20世纪80年代中叶，我曾偶居上海文艺出版社创作室，同室巧遇马师汉民先生，他正为长篇叙事吴歌《五姑娘》出版而忙碌。出于同对中华民间民俗文化之衷爱，我们自然走在了一起。尽管自己职业从画师到记者、美编、摄影摄像、园林设计、广告人、厨师、搬运工……但内心始终坚守着一片永恒的“民间净土”。

沈师庆年先生对文化，特别是吴文化的理解、心爱、执着、热情影响了一批人，使他有了一个对文化有着奉献精神的坚强的团队。他们中的每一位，都深深地感动着我，使我内心的坚守不孤单。

可唐先生的印章为本书增色不少，书名也是先生所赐。老友文龙、雪男、志东、王吉、建桥、建江、黎倩、彩凤等以及妻纪英、儿圣晨都为本书出谋划策，值此都要致谢！

上述之罗列像历史，又像感谢信。是的，人生心路本就为历史，良师亲情本应有感恩。

宇宙之大浩瀚无穷，世间之彩璀璨斑斓。心，有坚守则不致迷。

民间艺人就坚守着自己身边的点、身边的彩、身边的音、身边的味、身边的形、身边的影，尽管有不完美，但这些，可能正是人类自己生活的原点。

人生如此，书也如此！

2015年12月于苏州吴风堂